Jean Revez est docteur en égyptologie de l'Université de Paris-Sorbonne. Chercheur invité au département d'histoire de l'Université de Montréal, il enseigne les civilisations du Proche-Orient ancien dans diverses universités québécoises (UdM, UQAM et UQAH[*]). Boursier postdoctoral du FCAR au GRCAO[*], monsieur Revez a participé à des missions archéologiques canadienne et françaises en Égypte; il collabore présentement à une mission épigraphique américaine à Karnak.

D1355286

[*] Université de Montréal; Université du Québec à Montréal; Université du Québec à Hull
[*] Fonds pour la formation de chercheur et l'aide à la recherche; Groupe de recherche en conception assistée par ordinateur

Collection *Mosaïque*

Fondée par Aldina da Silva et André Martin, dirigée par Nelson Tardif, cette collection s'adresse à un lectorat général et comporte plusieurs séries telles que : *Bible, Foi et culture, Dialogue inter-religieux, Histoire religieuse, Judaïsme, Littérature mystique, Criminologie, Anthropologie, Philosophie.*

Déjà parus :

La symbolique des chiffres dans la Bible -I-
Daniel Jundt (n° 001, série **Bible**)

Ce que la Bible ne dit pas
Aldina da Silva, Nelson Tardif, coll. (n° 002, série **Bible**)

Le Christ noir en terre vaudou
Modèle haïtien d'inculturation
Jean Bacon (n°s 003-004, série **Foi et Culture**)

Sectes et millénarismes. Dérives suicidaires et meurtrières
Élisabeth Campos (n° 005, série **Criminologie**)

Les saints et leurs reliques, une histoire mouvementée
Richard D. Nolane (n° 006, série **Anthropologie**)

Les clés de songe dans l'antiquité Proche-orientale
Aldina da Silva (n° 007, série **Anthropologie**)

La symbolique des chiffres dans la Bible -II-
Daniel Jundt (n° 008, série **Bible**)

L'Exode. Un rite de passage
Walter Vogels (n° 009, série **Bible**)

Introduction au phénomène des expériences de mort imminente (EMI, vol. 1)
Yves Bertrand (n° 010, série **Psychologie et religion**)

La relation et son lieu. Introduction à la philosophie de la relation de Nishida
Jacynthe Tremblay (n° 011, série **Philosophie orientale**)

Les Pyramides d'Égypte en dix questions
Jean Revez (n° 012, série **Anthropologie**)

Mystique et médecine chinoise
Madeleine Gagnon (n° 013, série **Philosophie orientale**)

La voie du détachement (EMI, vol. 2)
Yves Bertrand (n° 014, série **Psychologie et religion**)

À paraître

De la relation entre les religions issues d'Abraham (Martin Bauschke)
Les EMI, processus du mourir et voie mystique — vol. 3 et 4 (Yves Bertrand)

Jean Revez

Les pyramides d'Égypte
en dix questions

MNH / *Anthropos*

Nous remercions la SODEC pour son programme d'aide aux entreprises du livre et de l'édition spécialisée

Dépôt légal :
    Bibliothèque nationale du Canada, 2001
    Bibliothèque nationale du Québec, 2001
Deuxième édition, 2002

ISBN 2-921912-69-4 (MNH)
ISBN 2-922684-10-5 (Anthropos)

Distribution au Canada :
Distribution de livres UNIVERS
845, rue Marie-Victorin
Saint-Nicolas (Québec)
Canada G7A 3S8
Tél. (418) 831-7474 / 1 800 859-7474
Téléc. (418) 831-4021
Cour. élec. : d.univers@videotron.ca

Imprimé au Canada

INTRODUCTION

L'expression consacrée «temps des pyramides» fait généralement référence à la période de l'histoire égyptienne connue sous le nom d'Ancien Empire qui s'étend *grosso modo* de 2700 à 2200 avant J.-C. et comprend la période de la IIIᵉ à la VIᵉ dynastie inclusivement (**fig. 1**). En tout, une quarantaine de pyramides ont été élevées au cours de cette période dans la région memphite, la capitale administrative du pays (**fig. 2**). La plupart d'entre elles ont pu être attribuées à un roi ou à une reine avec un assez haut degré de certitude[1].

Les pyramides les plus connues sont celle du pharaon Djoser de la IIIᵉ dynastie à Saqqara et, bien entendu, celles qui se dressent sur le plateau de Giza et qui servirent de tombeaux aux rois Khoufou, Khafrê et Menkaourê de la IVᵉ dynastie[2] (**fig. 3**). Outre le spectacle grandiose qu'elles offrent aux yeux des visiteurs, ces pyramides et leur complexe funéraire constituent un champ d'étude privilégié à cause de leurs caractéristiques architecturales, la pyramide à degrés* de Djoser et la pyramide lisse* de Khoufou

---

1. Une liste des pyramides identifiées à ce jour est donnée dans A. Labrousse, M. Albouy, *Les pyramides des reines. Une nouvelle nécropole à Saqqâra*, Paris: Hazan, 1999, p. 24.

2. Les noms de ces pharaons sont mieux connus sous leur forme hellénisée, à savoir Cheops, Chephren et Mykerinos, car ce sont des historiens grecs comme Hérodote qui les ont introduits dans l'Histoire.

étant le fruit de conceptions religieuses propres à leur époque.

Le but du présent livre est de répondre aux questions les plus fréquemment posées à propos des pyramides égyptiennes et de traiter de façon synthétique les principaux aspects techniques (chap. 1), architecturaux (chap. 3), religieux (chap. 4, 5 et 7), funéraires (chap. 6), sociaux (chap. 2 et 8), archéologiques (chap. 9) et historiques (chap. 10) qui touchent à leur étude. Certaines des problématiques que nous avons choisi d'examiner nous ont été posées par des étudiants inscrits dans un programme de premier cycle universitaire.

Faute d'espace, le cadre chronologique de notre étude exclut les époques postérieures à l'Ancien Empire. Le présent ouvrage de vulgarisation étant destiné avant tout à un large public, nous avons préféré réduire au strict minimum les notes infrapaginales. Afin d'éviter d'alourdir inutilement le texte, nous nous sommes bornés à ne citer la plupart du temps que des références qui traitent d'un point précis méritant d'être approfondi. Pour l'étude de thèmes plus conventionnels, le lecteur est invité à consulter la bibliographie sommaire dressée en fin de volume.

Les termes suivis d'un astérisque (*) font l'objet d'une entrée dans le glossaire (p. 98). La liste des figures se trouve en page 102.

CHAPITRE 1

Comment les pyramides ont-elles été construites?

À l'orée du troisième millénaire après J.-C., l'admiration nous gagne devant le tour de force technique des anciens Égyptiens qui, à l'aide d'outils somme toute rudimentaires, ont su élever des monuments de taille littéralement pharaonique. Nous nous proposons dans ce chapitre de faire le point sur les théories actuellement en vogue à propos de la construction des pyramides, et notamment de leur orientation par rapport aux points cardinaux. Nous examinerons le mode utilisé pour déplacer les immenses blocs dont les pyramides étaient constituées et la manière dont ces monolithes étaient disposés dans la structure interne du monument. Force est cependant de constater que les hypothèses avancées en matière architecturale reposent en grande partie sur des sources indirectes, puisqu'aucun manuel ne nous est parvenu dans lequel les architectes égyptiens auraient couché par écrit les secrets de leur art. Nos connaissances dépendent dans une large mesure de l'étude des instruments utilisés dans le travail de la pierre, de la disposition des blocs à l'intérieur des massifs exposés aujourd'hui à l'air libre (suite au décapage du revêtement des pyramides), de l'analyse des vestiges archéologiques tels que les rampes et les

bas-reliefs funéraires (souvent d'époques postérieures à celle de l'âge des pyramides) qui illustrent le
mode de transport des blocs.

L'orientation de la pyramide et la préparation du terrain

On a insisté avec raison sur le haut degré de
précision avec lequel les pyramides furent élevées.
Chacune des quatre faces était ainsi presque parfaitement orientée vers un point cardinal, la marge d'er-
reur étant infime, une fraction de degré tout au plus.
Ce même souci du détail transparaît dans la longueur
des côtés des monuments, dont la différence d'un
côté à l'autre n'excède pas 20 cm dans le cas de la
Grande Pyramide* de Khoufou, dont la base de chacune des faces mesurait pourtant 230 m en moyenne.

Pour atteindre un tel niveau d'exactitude, les
Égyptiens procédaient de manière essentiellement
empirique. En ce qui a trait à la question de l'orientation des pyramides, deux modèles sont le plus
souvent proposés, sans que l'un exclue nécessaire-
ment l'autre.

La première méthode consiste à déterminer le
Nord à l'aide de l'observation de la course des étoiles. Un mur circulaire au sommet parfaitement horizontal aurait été préalablement élevé afin de servir
d'horizon idéal. En sachant que les étoiles naissent
à l'est pour se coucher à l'ouest, il aurait suffi de
déterminer sur le mur la bissectrice entre ces deux
points pour établir le Nord vrai **(fig. 4)**.

L'autre façon de situer le Nord par rapport à un point donné est de mesurer l'ombre que projette un poteau à différents moments de la journée. Sachant que les ombres atteignent leur point de projection maximale au lever et au coucher du soleil, on pouvait une fois de plus localiser le nord en établissant la bissectrice entre ces deux points[3].

Avant de poser la première assise de pierre, il était nécessaire de déblayer le terrain jusqu'à ce que la roche soit atteinte, le sable ne pouvant assurer à la construction du monument une fondation suffisamment solide. Le terrain devait être ensuite aplani, pour servir de base stable à la pyramide. Dans le cas des pyramides de Giza, seul le pourtour de la pyramide était nivelé, son noyau central gardant la forme naturelle du tertre sur lequel il a été bâti.

L'extraction et le transport des blocs

Une fois établies la base carrée de la pyramide et son orientation par rapport aux points cardinaux, l'étape suivante consistait à acheminer les blocs depuis les carrières de calcaire situées en bordure du site. On faisait également venir par bateau des blocs provenant de régions situées beaucoup plus en amont du Nil, comme à Assouan où était extrait le granite utilisé dans la construction de plusieurs éléments architecturaux des pyramides, puis leurs temples, comme les colonnes, les architraves et les encadrements de porte.

---

3. I.E.S. Edwards, *Les pyramides d'Égypte*. Paris: Le livre de Poche (collection biblio essais), 1992 (2e éd. mise à jour), p. 300-302.

Un débat continue à faire rage sur la manière dont les Égyptiens transportèrent des blocs pouvant parfois peser 80 tonnes. Si la communauté des égyptologues s'accorde généralement pour dire que les blocs étaient acheminés sur des rampes construites à base de briques de terre crue mêlées à de la paille et à des débris de pierre, la forme que prenaient ces rampes et la façon dont elles s'appuyaient contre la pyramide ne font pas encore l'objet d'un consensus.

D'après J.-P. Lauer, une sommité mondiale en matière d'architecture antique[4], les Égyptiens auraient adossé une rampe perpendiculaire aux faces de la pyramide pour y faire glisser les blocs. La rampe, très large au niveau des assises inférieures de la pyramide, était progressivement rehaussée et devenait plus étroite au fur et à mesure que l'on s'approchait du sommet du monument. Afin d'en adoucir la pente dont la raideur allait en s'accentuant, la rampe était graduellement allongée (**fig. 5a**). Des vestiges de structures de ce type ont été découverts *in situ* à proximité de la pyramide à Saqqara du roi de la IIIᵉ dynastie, Sekhemkhet, et au sud d'Abydos, contre une pyramide dont la fonction reste encore incertaine.

---

4. J.-P. Lauer, *Le Mystère des Pyramides*. Paris: Presses de la Cité, 1988, p. 221-226. Arrivé sur le chantier de Saqqara en 1926 où il ne devait rester que quelques mois, Jean-Philippe Lauer, malheureusement décédé au mois de mai 2001, était encore actif sur le chantier à l'âge vénérable de 98 ans. On comprendra dans ces conditions que dans le jargon égyptologique, la pyramide de Djoser est souvent désignée affectueusement comme «la pyramide de Lauer»!

Les blocs de pierre étaient ensuite chargés sur des traîneaux de bois tirés à l'aide de cordages. Certains bas-reliefs gravés dans des tombes privées, comme celui de Djéhoutihetep de la XIIᵉ dynastie, permettent d'imaginer le spectacle grandiose que devaient offrir ces opérations de transport de blocs. Détail qui traduit admirablement l'ingéniosité dont firent preuve les Égyptiens, on y voit représenté un homme en train d'arroser la surface de la rampe située en avant du traîneau, afin de faciliter la traction de l'engin sur un terrain boueux **(fig. 6)**.Outre le type de rampe rectiligne, perpendiculaire à la face d'une pyramide, une autre théorie en vogue au sujet de la configuration de cette structure est celle d'une rampe enveloppante qui aurait fait le tour de la pyramide à partir d'un des angles de sa base. Les avis divergent quant au nombre de ces rampes employées simultanément. G. Goyon[5] estime qu'une seule rampe large devait faire le tour du monument **(fig. 5c)**, tandis que l'équipe américaine de Boston, menée par G. Reisner qui a effectué des fouilles à Giza au début du siècle, optait davantage pour un système à quatre rampes dont le départ se faisait à chacun des angles du futur tombeau **(fig. 5d)**[6].

Au regard des fouilles qu'ils ont menées au sud de la pyramide de Khoufou, on tiendra finalement

5. G. Goyon, *Le secret des bâtisseurs des grandes pyramides.* Paris: Éditions Pygmalion, 1977, p. 85-86.
6. D. Dunham, «Building an Egyptian pyramid», *Archaeology* 9, no. 3, 1956, p. 159-165.

pour fort probable la proposition de M. Lehner et Z. Hawass, selon laquelle les Égyptiens auraient utilisé les deux systèmes conjointement, la rampe rectiligne pour construire la base de la pyramide, et la rampe enveloppante pour la partie supérieure. (**fig. 5f**)[7].

Venait ensuite la pose du pyramidion au sommet du monument, entreprise rendue particulièrement délicate par le manque de place. Ce n'est qu'une fois tous les blocs posés et la rampe démontée que l'on procédait de haut en bas au ravalement complet du revêtement de la pyramide. Les blocs de parement étaient de qualité supérieure à ceux du massif interne de la pyramide, car ils provenaient de Toura, une carrière de calcaire située au sud du Caire actuel, réputée pour la blancheur et la finesse de sa pierre.

Les faces étaient-elles peintes? On a décelé des traces d'ocre et de noir sur certains blocs de parement des pyramides de Giza, mais il est possible que cela soit dû aux agents atmosphériques naturels plutôt qu'à l'application d'enduits.

---

7. Z. Hawass, «Pyramid construction. New Evidence Discovered at Giza», H. Guksch, D. Polz, *Stationen. Beiträge zur Kulturgeschichte Ägyptens. Rainer Stadelmann gewidmet.* Mainz: Philipp von Zabern, 1998, p. 56-59; pl. 3b-4a. Voir M. Lehner, *The Complete Pyramids*, 1997, p. 215-217 pour un résumé des autres modèles de rampes proposés par divers auteurs.

CHAPITRE 2

Quel était le statut des bâtisseurs des pyramides et où logeaient-ils?

Elever des monuments de la dimension de la Grande Pyramide, constituée de plus de deux millions de blocs pesant chacun en moyenne 2.5 tonnes, exigeait assurément l'emploi d'une main-d'oeuvre considérable. Hérodote rapporte que la construction de la pyramide de Khoufou avait nécessité le recrutement de 100 000 hommes, relayés tous les trois mois. Vingt ans de dur labeur auraient été requis pour mener à bien cette entreprise[8]. Outre «le père de l'Histoire», nombreux sont les historiens grecs qui se sont penchés sur le sort misérable des ouvriers sous le règne de Khoufou[9].

Des estimations récentes montrent que le chiffre avancé par Hérodote est excessif, car la place aurait manqué pour permettre à 100 000 hommes de circu-

---

8. Hérodote, *L'Enquête*, II, 124.

9. Il est à noter, que même dans la littérature égyptienne, Khoufou avait mauvaise presse. Cette piètre réputation est généralement mise sur le compte des souffrances qu'il a dû faire subir au peuple. cf. G. Posener, *Littérature et politique dans l'Égypte de la XIIᵉ dynastie*, Paris: Honoré Champion, 1956, p. 10-13, dont les propos sont cependant nuancés par M. Baud, «Une épithète de Rêdjedef et la prétendue tyrannie de Chéops», *BIFAO* 98, 1998, p. 24-26.

ler efficacement sur le plateau exigu de Giza ; aussi considère-t-on davantage que ce chiffre correspond au total annuel, et non pas trimestriel, des effectifs[10].

Même revue à la baisse, cette approximation n'en reste pas moins impressionnante. Quel était le statut de ces ouvriers? Etaient-ils assimilés à des esclaves? Où étaient-ils logés et que sont «les villes de pyramide»?

L'organisation du travail et le statut des constructeurs des pyramides

La documentation sur la main-d'oeuvre utilisée dans les projets royaux est disparate pour l'Ancien Empire. Des ouvriers qui ont travaillé sous les ordres d'Imhotep, le constructeur de la pyramide de Djoser, nous ne savons pratiquement rien. Nous sommes cependant mieux renseignés sur les bâtisseurs des pyramides à partir de la IVe dynastie, car les vestiges de leur habitation et de leur tombe sont parvenus jusqu'à nous.

Une distinction doit d'emblée être établie entre la main-d'oeuvre non qualifiée, utilisée notamment dans le transport des blocs, et les artisans spécialisés, responsables de la décoration des parois des temples et des pyramides. Les travailleurs qualifiés prirent plus d'importance aux Ve et VIe dynasties, non seulement à cause de l'apparition des textes à l'intérieur des pyramides qui rendaient indispensable l'utilisa-

---

10. I. E. S. Edwards, *Les Pyramides d'Égypte*, 1992, p. 323.

tion de graveurs, mais parce que les dimensions plus modestes des monuments requéraient un apport moins important en simples manoeuvres[11].

Quant à l'organisation du travail, elle reposait sur une bureaucratie solide, dont les tâches étaient fort diverses. Les fonctionnaires devaient tenir à jour une liste des officiels, des architectes, des artisans et des ouvriers qui étaient employés dans la construction des pyramides ; ils devaient déterminer la quantité de pierres et de briques en terre crue ou cuite nécessaires à la réalisation des travaux. Il fallait enfin déterminer la manière dont les immenses blocs pouvaient être acheminés vers les pyramides, et choisir l'emplacement des rampes servant à faire glisser les pierres vers leur lieu de destination finale. Dans le cas des Grandes Pyramides, la logistique a dû être la cause de nombreuses migraines, car les ouvriers devaient évoluer dans un espace relativement restreint qui était déjà en partie bâti[12].

Le partage des tâches semble avoir été calqué sur le modèle en vigueur dans la marine, à en juger par la terminologie employée pour désigner les différents groupes d'ouvriers. Le mot *apr*, par exemple, fait aussi bien allusion à un corps de tailleurs de pierre qu'à un équipage de bateau.

---

11. C. Eyre, «Work and the Organisation of Work in the Old Kingdom» dans M. A. Powell (dir.), *Labor in the Ancient Near East. New Haven: American Oriental Society*, 1987, p. 8-9.

12. B. Kemp, *Ancient Egypt. Anatomy of a civilization*. London & New York: Routledge, 1989, p. 128-136.

Des graffiti inscrits sur les blocs du temple haut* de Menkaourê font mention de deux corps différents de carriers, qu'on estime à 1000 hommes chacun. Ceux-ci étaient divisés en cinq groupes d'environ 200 hommes appelés *zaou*, eux-mêmes répartis en unités d'une vingtaine d'ouvriers[13].

Ces hommes ne devaient servir le roi que pour une période définie. Il serait plus juste d'assimiler leur travail à une forme de corvée ou de service obligatoire qu'à de l'esclavage. En égyptien ancien, plusieurs termes désignent des catégories de gens soumis à divers degrés, sans qu'il soit véritablement question d'esclavage. Le mot qui se rapproche le plus de la notion d'esclave, *hm*, est surtout employé dans ce sens à partir du Moyen et en particulier du Nouvel Empire, lorsque l'Égypte impérialiste obligeait de nombreux prisonniers de guerre étrangers à servir de main-d'oeuvre dans les temples[14].

La communauté des ouvriers et les villes de pyramide

L'État se chargeait de loger et de nourrir les ouvriers qui résidaient pour la plupart sur le chantier. À ce jour, les traces archéologiques les plus anciennes d'une installation d'ouvriers se trouvent à

---

13. A. M. Roth, *Egyptian Phyles in the Old Kingdom. The Evolution of a System of Social Organization*. Chicago: the Oriental Institute, 1991, p. 41-44; 119-143 et *passim*.

14. A. Loprieno, «L'esclave» dans S. Donadoni (dir.), *L'homme égyptien*. Paris: Éditions du Seuil, 1992, p. 227-266.

Dahchour, à l'est de la pyramide rhomboïdale de Snéfrou. On y a constaté la présence de tessons de poterie, d'os d'animaux domestiques, de restes de briques crues, et d'éclats de calcaire, vestiges typiques de l'occupation humaine du sol. L'absence de murs en place indique cependant qu'il s'agit en l'occurrence de décombres provenant à l'origine d'une agglomération sise ailleurs, vraisemblablement à proximité de la pyramide, puis rasée et dispersée au moment de son abandon.

En revanche, au sud de la pyramide nord de Dahchour, la découverte de simples foyers et de murs *in situ* grossièrement construits prouve que cet endroit avait effectivement servi à abriter des travailleurs, bien que sur une base temporaire[15].

Les fouilles de sauvetage menées de 1989 à 1993 près des pyramides de Giza ont permis de dégager ce qui pourrait être le plus important village d'ouvriers connu. D'une superficie d'environ 2 km^2, le campement était situé à l'est du plateau de Giza, sous la ville actuelle qui porte le même nom. Des milliers d'objets de la vie quotidienne y ont été découverts, analogues à ceux exhumés à Dahchour-Nord, ce qui laisse supposer que ce site correspondait à l'installation temporaire des bâtisseurs des monuments funéraires royaux de Khoufou. La nécropole de cette communauté d'ouvriers a été récemment mise au jour

---

15. R. Stadelmann, N. Alexanian, «Die Friedhöfe des Alten und Mittleren Reiches in Dahschur», *MDAIK* 54, 1998, p. 306-309.

à l'ouest de l'agglomération[16] ; elle comprenait une trentaine de tombes larges pour les chefs d'équipe et environ 600 tombes plus modestes pour les ouvriers.

Différent du lieu où séjournait pour une durée limitée la main-d'oeuvre non qualifiée est le site permanent réservé aux artisans de la couronne. Ceux-ci étaient traditionnellement logés au pied du temple bas*, appelé parfois temple de la vallée, et enterrés à proximité de la nécropole des travailleurs, comme c'est le cas à Giza.

D'une taille à l'origine relativement modeste, les villages d'artisans se métamorphosèrent progressivement en véritables villes. En effet, loin d'être désertés à l'achèvement de la pyramide, ces lieux continuaient non seulement à accueillir des artisans, mais aussi des prêtres. Les uns et les autres étaient désormais rattachés au service du culte funéraire des rois défunts.

Ces villes étaient généralement entourées d'un mur d'enceinte, contre lequel étaient blotties les habitations. Contrairement aux agglomérations quadrillées et planifiées du Moyen Empire, les villes de pyramide* ne semblent pas avoir été le fruit d'une vision urbanistique très poussée. Le développement de la ville se faisait au coup par coup, si bien que les maisons des prêtres finirent par envahir la cour du temple bas.

---

16. Z. Hawass, «The Workmen's Community at Giza» dans M. Bietak (dir.), *Haus und Palast im Alten Ägypten, ÖAW* XIV, 1996, p. 53-67.

Des villes de pyramide ont été identifiées à Meidoum, Dahchour, Giza et Abousir[17]. Ces agglomérations étaient dotées d'une administration complexe[18] à la tête de laquelle siégeait un *imy-ra niout* dont les fonctions étaient proches de celles d'un maire actuel. Le temple bas était à la fois le centre cultuel et administratif de la communauté. D'un point de vue juridique, la collectivité dépendait directement du Palais. Il est d'ailleurs fort probable que le pharaon ait fait construire une résidence à proximité des villes de pyramide, afin de veiller personnellement à la bonne marche des travaux. La communauté jouissait de privilèges certains, comme l'atteste un décret royal découvert à Dahchour et promulgué par le roi Pépy Ier de la VIe dynastie. Rédigée sur une stèle qui devait se dresser contre la façade du temple bas, l'inscription juridique précise que la population de la ville de pyramide était exempte de travaux forcés et de nombreuses taxes[19].

17. B. Kemp, *op. cit.*, p. 133-136; 143-148.

18. Pas moins de quarante titres de fonctions différentes ont été dénombrés.

19. R. Stadelmann, «La ville de pyramide à l'Ancien Empire», *RdE* 33, 1981, p. 69-72.

CHAPITRE 3

Quelle évolution l'architecture des pyramides a-t-elle connue?

Une transformation a indiscutablement eu lieu dans l'architecture des quelque 65 pyramides identifiées à ce jour[20]. On établit traditionnellement une distinction entre deux modèles principaux de pyramides: les pyramides à degrés, typiques de la IIIe dynastie et dont celle de Djoser constitue la forme la plus achevée; les pyramides lisses, inaugurées par le roi Snéfrou de la IVe dynastie, puis perfectionnées par ses successeurs directs, Khoufou, Khafrê et Menkaourê. C'est à cette catégorie que se rattachent les pyramides aux dimensions plus modestes des Ve et VIe dynasties, puis celles des pharaons du Moyen Empire.

Les pyramides à degrés de la IIIe dynastie

Le plus ancien complexe pyramidal est vraisemblablement celui du pharaon Djoser à Saqarra, situé dans la région memphite. La construction de cet ensemble architectural est d'une telle qualité technique que son constructeur, Imhotep, a été divinisé à partir du Nouvel Empire.

---

20. Ce chiffre inclut les pyramides du Moyen Empire.

Imhotep est à juste titre passé à l'histoire comme celui qui a inauguré l'emploi systématique de la pierre de taille dans l'architecture monumentale[21]. Jusque là, les constructions avaient été en grande partie élevées en briques crues, comme c'était le cas dans le reste du Proche-Orient[22]. Parmi les grandes initiatives d'Imhotep figure avant tout l'utilisation pour la première fois de la pyramide comme superstructure du tombeau royal, reléguant désormais aux particuliers l'utilisation du mastaba*.

Afin d'élever ce monument haut de près de 60 mètres, Imhotep introduisit l'emploi de tranches successives de maçonnerie, disposées obliquement par rapport au centre de la pyramide, contre lequel elles s'appuyaient (**fig. 7**).

Un réseau de galeries souterraines fut creusé sous la pyramide, dont la densité reste sans équivalent dans l'architecture funéraire égyptienne. Certaines d'entre elles devaient servir d'appartements privés au roi dans l'au-delà, d'autres de magasins recelant des dizaines de milliers de pièces de vaisselle et de

---

21. J.-P. Lauer, «À propos de l'invention de la pierre de taille par Imhotep pour la demeure d'éternité du roi Djoser», *BdE* 97/2, 1985, p. 63-64.

22. L'apport considérable de l'Égypte dans l'art de construire des monuments en pierre faisait d'ailleurs toujours l'objet de louanges un millénaire plus tard, puisque un roi de Byblos du Xe siècle avant J. C. reconnaît que «c'est d'Égypte qu'est sorti le savoir-technique pour atteindre mon propre pays, i.e. en l'occurrence la Phénicie» (extrait tiré du Voyage d'Ounamon. Cf. G. Lefebvre, *Romans et contes égyptiens de l'époque pharaonique*. Paris: Librairie d'Amérique et d'Orient, [1949] 1988, p. 214.

vases. Orientés vers l'ouest, des corridors contenaient également des restes humains, ce qui indique qu'ils avaient servi de tombeaux à des membres de la famille royale, sans qu'il soit certain qu'ils étaient tous liés à Djoser. La momie du pharaon n'a pu être identifiée, mais son caveau était également localisé sous la pyramide, à près de 30 mètres de profondeur (**fig. 7**)[23].

Le caractère monumental du complexe funéraire de Djoser se traduit également par la construction d'un énorme mur d'enceinte de pierre avec façade à redans. Erigé d'après un axe nord-sud, le mur rectangulaire mesurait 544 m. sur 277 m. avec pour unique accès une entrée située au sud de sa partie orientale (**fig. 8**).

Outre la pyramide qui n'occupait que la partie centrale du vaste ensemble funéraire du roi, le mur d'enceinte englobait d'imposantes cours, dont celle dite de la fête-Sed*, à l'est, et celle plus étendue de la cour du Sud.

Si la partie septentrionale du complexe n'a été que partiellement fouillée, le secteur sud a permis de dégager une autre tombe, appelée «tombeau du Sud», qui contenait un caveau miniature dont la fonction exacte reste encore à déterminer. Selon certains, il

---

23. Sur le caractère novateur de ce caveau sur le plan architectural, W. Kaiser, «Zu den Granitkammern und ihren Vorgängerbauten unter der Stufenpyramide und im Südgrab von Djoser», *MDAIK* 53, 1997, p. 195-207.

s'agirait du lieu de sépulture du ka* du pharaon[24]. Pour d'autres, sa situation au sud du complexe, en direction d'Abydos, symboliserait le tombeau royal localisé anciennement en ce lieu[25].

Les multiples innovations apportées par Imhotep au plan architectural du complexe funéraire de Djoser ne doivent cependant pas occulter le fait que cet ensemble s'inscrit dans une continuité avec le passé.

En effet, la forme pyramidale du tombeau de Djoser évoque le monticule de terre qui surplombait les mastabas royaux des deux premières dynasties. La façade à redans du mur d'enceinte et l'ensemble des galeries souterraines sous la pyramide sont des éléments architecturaux que l'on retrouvait déjà dans le mastaba royal en briques crues, bâti à Abydos par le roi de la IIe dynastie, Khasekhemoui. Notons cependant que ces caractéristiques existaient à une échelle plus modeste dans la tombe de ce dernier, et que tombeau et façade à redans faisaient partie d'une seule et même structure, et non de deux entités séparées par des cours, comme à Saqqara[26].

24. M. Lehner, *The Complete Pyramids*. London: Thames and Hudson, 1997, p. 92.

25. J.-P. Lauer, «Le développement des complexes funéraires royaux en Égypte depuis les temps prédynastiques jusqu'à la fin de l'Ancien Empire», *BIFAO* 79, 1979, p. 372.

26. Un excellent article sur l'évolution architecturale des complexes funéraires royaux jusqu'à la IIIe dynastie est proposé par R. Stadelmann, «Origins and Development of the Funerary Complex of Djoser» dans P. der Manuelian (dir.), *Studies in honor of William Kelly Simpson II*. Boston: Museum of Fine Arts, 1996, p. 787-800.

Force est enfin de constater que le tombeau de Djoser avait été initialement conçu comme un mastaba et que ce n'est que par la suite qu'il a été agrandi, puis recouvert d'une pyramide à degrés, preuve s'il en est du caractère hybride de ce monument, dont l'architecture allie tradition et innovation (**fig. 7**)[27].

Le modèle du complexe funéraire avec pyramide à degrés ne fit cependant pas long feu, puisque deux autres exemples seulement, par ailleurs inachevés, sont connus. Il s'agit de celui du successeur de Djoser, Sekhemkhet, situé à proximité de l'ensemble architectural de son prédécesseur, et celui découvert à Zaouiêt el-Aryan, au nord de Saqqarah, destiné peut-être à Khaba, un des derniers rois de la IIIe dynastie (**fig.7**).

Les pyramides lisses de la IVe dynastie.

Le passage de la pyramide à degrés à la pyramide lisse s'effectua par tâtonnements, avec plus ou moins de succès.

Comme dans le cas de celle de Djoser, la pyramide de Meidoum est à cheval sur deux conceptions architecturales successives. Construite par Snéfrou, le fondateur de la IVe dynastie, elle comportait au départ 7 ou 8 degrés (conçue peut-être pour Houni, le dernier souverain de la IIIe dynastie), avant d'être transformée en pyramide véritable à la fin du règne du pharaon (**fig. 7**).

---

27. J.-P. Lauer, *op. cit.*, p. 366-372.

La pyramide de Meidoum possède alors toutes les caractéristiques propres aux complexes funéraires royaux de la IVe dynastie. Le caveau funéraire royal est désormais incorporé à même le massif de la pyramide, et non plus dessous, comme cela avait été le cas auparavant. Bien qu'elle n'ait pas été terminée, la chambre sépulcrale comporte pour la première fois un plafond à voûte en encorbellement*.

La pyramide, contrairement à celle de Djoser à Saqqara, occupe la quasi totalité de la superficie du complexe funéraire, dont l'aire est circonscrite par un mur d'enceinte de pierre appareillée, de forme presque carrée, fort abîmé, et dont la façade n'est plus à redans.

Le «tombeau du Sud» de Djoser est remplacé par une pyramide satellite* située au sud du complexe, nouveauté qui deviendra très rapidement une norme.

Autre innovation architecturale, la chapelle destinée au culte funéraire du roi n'est plus adossée à la face nord de la pyramide, mais à l'est. Elle devait être de plus reliée par une chaussée, dont des traces subsistent encore, à une plate-forme située plus à l'est.

Deux autres pyramides furent élevées à Dahchour par le roi Snéfrou. La première, dite rhomboïdale (**fig. 7**), avait été initialement conçue pour avoir un angle de pente de 58 degrés. Arrivés à mi-hauteur, les architectes se sont rendus compte que la pente était trop raide pour supporter les aménagements intérieurs de la pyramide, qui avaient subi quelques dommages. On décida alors d'adoucir la pente, ce qui a donné à la pyramide sa forme caractéristique. La pyramide rhomboïdale inaugure l'emploi d'assises horizontales de pierre dans la structure interne du monument, au lieu des traditionnelles tranches obliques.

Le pharaon fit aménager une chapelle funéraire contre la face est de sa pyramide, qui comprenait une table d'offrandes et deux stèles gigantesques portant la titulature du roi. Une chaussée rattachait ce sanctuaire à un temple plus à l'est, qui servait apparemment aussi de lieu de culte à la mémoire du pharaon défunt. C'est pourtant dans la pyramide septentrionale (**fig. 7**) que Snéfrou fut vraisemblablement inhumé, à en juger par les restes humains découverts dans la chambre sépulcrale.

Avec les Grandes Pyramides de Giza (**fig. 7**), l'architecture atteint son plus haut degré de perfection, tant par la forme des monuments que par leurs aménagements intérieurs, la Grande Galerie* (**fig. 7**,h) de la pyramide de Khoufou et les chambres de décharge au-dessus de son caveau (**fig. 7**,i) étant de véritables chefs-d'oeuvre techniques.

Aux éléments classiques du complexe funéraire royal de la IVe dynastie s'ajoutent les grandes fosses à barques creusées à proximité du mur d'enceinte (**fig. 9**). La petite chapelle funéraire adossée contre la partie orientale de la pyramide, comme à Meidoum et à Dahchour-Sud, se transforme en véritable temple. La chaussée montante qui y aboutit part désormais de la vallée du Nil où se dresse le temple bas.

Chepseskaf, le dernier pharaon de la IVe dynastie, choisit de quitter Giza[28] pour se faire enterrer à Saqqara-sud où, pour des raisons mal connues, il se fait construire un mastaba.

Les pyramides des Ve et VIe dynasties

Avec l'avènement de la Ve dynastie et surtout tout au long de la VIe dynastie, le plan des complexes funéraires tend à s'uniformiser. Les pyramides gardent leur forme classique, mais sont en général de petites dimensions, atteignant en moyenne une cinquantaine de mètres en hauteur (**fig. 7**). L'aménagement intérieur de la pyramide se réduit à sa plus simple expression: une descenderie* (absente dans le cas de la pyramide de Sahourê à Abousir) mène à un vestibule, qui à son tour débouche sur la chambre sépulcrale surmontée de dalles en chevrons.

Hormis Ouserkaf et Ounas, le premier et le dernier pharaon de la dynastie à établir leur tombeau à proximité du complexe de Djoser, la plupart des rois de la Ve dynastie élevèrent leur complexe funéraire à Abousir, au nord de Saqqara.

Les pharaons de la VIe dynastie dont on connaît le complexe funéraire sont en majorité enterrés à Saqqara-Sud (**fig. 3**), sauf Téti, le fondateur de la dynastie, dont le corps repose dans une pyramide bâtie au nord-est du complexe de Djoser.

---

28. Il en est de même pour Djedefrê, le successeur de Khoufou, dont le tombeau se trouve à Abou Roach, à 8 km au nord de Giza.

Il serait impossible de clore ce survol de l'évolution de l'architecture des pyramides sans évoquer l'introduction de recueils de formules funéraires sacrées gravées à l'intérieur des pyramides à partir du règne d'Ounas. Ces inscriptions, appelées *Textes des Pyramides,* seront abordées plus en détail dans le chapitre suivant.

En résumé, plus encore que le simple passage de la pyramide à degrés à la pyramide lisse ou classique, c'est bien l'arrangement spatial des complexes funéraires royaux qui fait l'objet de deux conceptions architecturales successives à l'Ancien Empire.

CHAPITRE 4

Quelle signification politico-religieuse doit-on donner à l'architecture des complexes funéraires royaux?

Dans le chapitre précédent, nous avons étudié l'évolution des complexes funéraires royaux du point de vue architectural. Le but du présent chapitre est d'examiner les facteurs d'ordre politique et religieux, touchant notamment à la conception du pouvoir monarchique et à la vision de l'au-delà, qui ont déterminé le type d'architecture propre aux deux principaux modèles de complexe funéraire: celui à pyramide à degrés de la IIIe dynastie et celui à pyramide lisse attesté à partir de la IVe dynastie. Nous tirerons nos conclusions à partir de l'étude de deux archétypes, à savoir le complexe funéraire de Djoser à Saqqara et celui de Khoufou à Giza.

Le complexe funéraire de Djoser à Saqqara

Force est de reconnaître que les sources écrites sont avares de renseignements sur les raisons qui ont motivé Imhotep à aménager le complexe funéraire de Djoser. En procédant par analogie, on a pu cependant constater que plusieurs signes distinctifs du site se retrouvent dans d'autres types d'architecture. Son organisation spatiale est ainsi en grande partie l'aboutissement d'une vision ancienne de la tombe royale, qui vise à reproduire le palais royal et ses dépendances. Les motifs extérieurs du mur d'enceinte (**fig.10A**) reproduisent fidèlement la façade du palais royal de la Iʳᵉ dynastie à Hiérakonpolis, une ville de première importance aux débuts de l'histoire monarchique et qui fut vraisemblablement le berceau de l'idéologie royale. Partie intégrante du signe du serekh*, le motif de la façade royale symbolise le pouvoir pharaonique[29].

Dans la très vaste cour qui s'étendait au sud de la pyramide à degrés étaient érigés deux édicules, éloignés l'un de l'autre par 55 mètres (**fig.10A**). Que symbolisaient ces bornes et pourquoi étaient-elles disposées à cet endroit? Il paraît certain que ce très grand espace à ciel ouvert imitait la cour du palais dans laquelle avaient périodiquement lieu de somptueuses cérémonies. Parmi ces fêtes cultuelles figurait le rite de la course royale, illustrée par plusieurs bas-reliefs dans les galeries souterraines de la pyramide à degrés de Djoser[30]. On y voit le roi parcourir la distance qui séparait deux séries de bornes identiques à celles qui se dressent dans la cour du sud

---

29. L'emploi métonymique d'un mot désignant une institution (le Palais) pour exprimer un concept (le pouvoir monarchique) est un phénomène fréquent. Ainsi la «Maison Blanche» est-elle une expression communément utilisée de nos jours pour désigner la présidence des Etats-Unis.

30. Pour une étude détaillée de ces bas-reliefs, F. D. Friedman, «The Underground Relief Panels of King Djoser at the Step Pyramid Complex, *JARCE* 32, 1995, p. 1-42.

(fig.11E). En s'appropriant le territoire situé entre ces édicules qui représentaient les extrémités de la terre, le roi exaltait sa puissance physique et faisait ainsi valoir sa domination sur l'univers. Ce rite très ancien est attesté iconographiquement dès la première dynastie, sur la tête d'une massue du roi Narmer **(fig. 11G)** et sur une étiquette de bois du pharaon Den, provenant de sa tombe à Abydos **(fig.11F)**.

La partie à l'est de la Cour du Sud était occupée par un autre espace découvert, plus petit que le précédent. Une plate-forme de pierre s'y dressait, sur laquelle on avait placé côte à côte deux trônes, disposés respectivement au nord et au sud de l'estrade **(fig. 10C & D)**. La tribune servait de décor à une cérémonie royale d'une importance capitale, appelée la fête-Sed. Parmi les temps forts de cette cérémonie, notons celui où le roi s'asseyait sur un des deux trônes après avoir gravi l'escalier qui y menait, puis effectuait le même rite de l'autre côté de la plate-forme. Cette coutume avait pour but d'exprimer de manière liturgique l'autorité politique du roi sur le Nord et le Sud du pays, les deux grandes régions naturelles dont l'Égypte était composée.

La cour de la fête-Sed du complexe de Djoser était le théâtre d'un autre rite, faisant suite au précédent. Une rangée d'une douzaine de chapelles, pour la plupart à fines colonnes cannelées supportant une corniche arquée, s'élevait le long du côté occidental de la cour **(fig. 10A)**. Ces constructions étaient les répliques en pierre de sanctuaires primitifs faits de bois et recouverts de roseaux. Bâtis sur un tertre sacré, ils servaient traditionnellement à abriter la statue de la divinité tutélaire d'une province.

Or, un autre bas-relief provenant du réseau de couloirs sous la pyramide de Djoser montre le roi en train de rendre visite à l'une de ces chapelles, en l'occurrence celle d'Horus d'Edfou (**fig. 10B**). Lors de la fête-Sed, le pharaon faisait la tournée de tous ces lieux saints, afin de s'attirer la bénédiction et la protection des dieux du pays tout entier.

En somme, il suffit de constater que le domaine funéraire de Djoser est la transposition du palais que le souverain occupait de son vivant. Le roi, en accomplissant des rites légitimant et renouvelant son pouvoir sacré, espérait perpétuer dans l'au-delà sa pérennité et les prérogatives dont il avait pu jouir sur terre[31].

Le complexe funéraire de Khoufou à Giza

Un net changement a lieu dans l'organisation spatiale des complexes funéraires royaux à partir de la IVe dynastie.

Les vastes cours qui servaient de scènes à l'étalage du pouvoir royal disparurent au profit de la pyramide qui occupa désormais la presque totalité de l'ensemble funéraire.

---

31. B. J. Kemp, *Ancient Egypt. Anatomy of a civilization.* London & New York: Routledge, 1989, p. 58-62; 94-99. L'auteur traite de manière très claire du rapport qui existe entre le complexe funéraire de Djoser et le palais royal.

Il est plus que probable que le rôle central joué dorénavant par la pyramide et le caractère géométrique de sa forme soient à mettre sur le compte de l'émergence du culte solaire du dieu Rê à Héliopolis, le nom donné par les Grecs (littéralement «ville du soleil») au lieu situé aujourd'hui dans la banlieue nord du Caire.

La manifestation la plus évidente de l'influence du culte héliopolitain sur l'idéologie royale est l'utilisation fréquente du nom du dieu solaire dans l'élaboration des noms propres théophores* des pharaons de la IVe dynastie. Ainsi les noms des deux successeurs de Khoufou, Djedefrê et Khafrê, signifient respectivement «Rê est sa force» et «Rê l'a élevé», Djedefrê étant également le pharaon à porter l'épithète de «fils de Rê» pour la première fois.

La pyramide est alors perçue comme un véritable symbole du soleil, dont les faces obliques épousent l'angle des rayons. Les Textes des Pyramides de la fin de l'Ancien Empire évoquent souvent l'image du roi montant au ciel grâce aux rayons solaires que lui envoie son père Rê[32].

La pyramide n'était pas seulement un lien qui unissait le roi au soleil; c'était aussi un lieu de transformation qui permettait au roi de renaître dans l'audelà. En effet, la tradition veut que le tertre primordial soit apparu à Héliopolis, le berceau de la

---

32. «J'ai (le roi défunt) foulé tes rayons sous mes pieds comme une rampe par laquelle je monte jusqu'à ma mère, vivant Uraeus sur le front de Rê» § 508. I. E. Edwards, *Les pyramides d'Égypte*, 1992, p. 332.

Création. La pyramide renvoyait par sa forme à l'apparence de cette butte originelle, source de toute vie. Un thème cher à l'iconographie égyptienne est la représentation du phénix (*bnw* en égyptien), l'oiseau par excellence reconnu pour sa faculté à renaître. Or, dans les Textes des Pyramides, le pharaon se transforme parfois en phénix afin de rejoindre son père Rê dans le ciel[33].

La disposition intérieure de la pyramide de Khoufou, et notamment l'emplacement de la chambre sépulcrale au sommet du monument, et non plus sous terre comme chez Djoser, devait faciliter la montée du pharaon au ciel (**fig. 7**,i)[34]. Des conduits ascendants partaient en outre des deux pièces aménagées à l'intérieur de la pyramide qu'ils traversaient en son noyau, avant de déboucher à l'air libre sur deux des faces du monument (**fig. 7**,g). Orientés respectivement vers l'étoile d'Orion et les étoiles polaires, ces conduits avaient pour fonction symbolique de permettre à l'âme du pharaon défunt de rejoindre la barque céleste sur laquelle naviguait Rê[35].

---

33. M. Lehner, *The Complete Pyramids*. London: Thames and Hudson, 1997, p. 34-35. Sur les mots formés sur la racine *bn*, J. Baines, «*bnbn*: Mythological and Linguistic Notes», *Or.* 39, 1970, p. 389-404.

34. R. Stadelmann, «Builders of the pyramids», J. M. Sasson (dir.), *Civilizations of the Ancient Near East II*. New York: Simon & Schuster Macmillan, 1995, p. 729.

35. Idem, «Die sogenannten Luftkanäle der Cheopspyramide. Modelkorridore für den Aufstieg des Königs zum Himmel», *MDAIK* 50 1994, p. 285-294.

Outre la forme parfaite de la pyramide et son agencement intérieur, un dernier aspect du complexe funéraire de Khoufou souligne le caractère solaire de son organisation spatiale.

En effet, à l'axe nord-sud du complexe de Djoser à Saqqara, succède à Giza un ensemble de bâtiments funéraires disposés d'est en ouest (**fig. 9**). Du temple de la vallée à l'est au caveau royal à l'ouest, en passant par la chaussée montante, puis le temple haut (situé désormais à l'est de la pyramide) l'alignement des parties du complexe funéraire royal respectait la trajectoire du soleil dans le ciel. Le parallèle était donc établi entre la localisation du tombeau dans la partie occidentale du site, là où le soleil se couche, et le cours de l'existence du roi, la mort étant considérée comme le crépuscule de la vie.

En conclusion, les pyramides de la IVe dynastie véhiculent une nouvelle image de la royauté. La conception du roi continuant à exercer sa domination politique dans l'au-delà, propre à la IIIe dynastie, fait dorénavant progressivement place à celle plus religieuse du souverain en tant que manifestation du dieu solaire Rê[36].

---

36. Les parties du complexe funéraire consacrées à l'exercice post-mortem du pouvoir royal ne disparaissent pas pour autant, mais sont confinées essentiellement à la partie orientale du temple haut. Voir D. Arnold, «Rituale und Pyramidentempel», *MDAIK* 33, 1977, p. 5-14.

CHAPITRE 5

Que sont les *Textes des Pyramides*?

Dans la classique et très sympathique bande dessinée *Astérix et Cléopâtre*, un passage montre le fourbe Tournevis tentant d'attirer les héros gaulois dans une pièce de la pyramide couverte d'inscriptions, afin de les y enfermer à jamais.

«Entrez, entrez, les hiéroglyphes qui ornent cette salle sont magnifiques![37]»

Cette vision des choses relève en fait davantage de l'imagination de Goscinny et d'Uderzo que de la réalité historique! Contrairement à la croyance populaire, et exception faite des quelques marques de carriers gravés sur plusieurs blocs et des graffiti écrits par les ouvriers sur certains murs, l'intérieur des Grandes Pyramides est totalement anépigraphe, i.e. qu'il ne comporte aucune inscription.

Les principales caractéristiques des *Textes des Pyramides*

Seules les parois de l'antichambre et du caveau des derniers tombeaux royaux de l'Ancien Empire sont remplies de textes. Il s'agit des pyramides du

---

37. R. Goscinny, A. Uderzo, *Astérix et Cléopâtre*. Paris: Dargaud, 1965, p. 23.

dynastie[38], et celle d'Aba, un souverain peu connu du début de la Première Période Intermédiaire.

Les inscriptions gravées sur les murs de ces pièces sont connues sous le nom de *Textes des Pyramides*[39]. Ils revêtent une importance capitale pour l'histoire de la religion, car ils représentent le premier corpus de textes funéraires connus au Proche-Orient.

Les *Textes des Pyramides* constituent une compilation désordonnée de mythes solaires et osiriens, de formules d'offrandes et de protection visant à assurer, dans les meilleures conditions possibles, le passage du pharaon défunt dans le monde des morts. Bien que la plupart des versions se retrouvent dans une large mesure dans toutes les pyramides, il existe cependant des variantes qui diffèrent d'un tombeau à l'autre.

Une particularité de la mentalité égyptienne (ceci vaut également pour l'ensemble du Proche-Orient) est d'attribuer un pouvoir magique au mot. Par exemple, le choix des couleurs, en l'occurrence le vert pour les hiéroglyphes et le blanc pour le fond, n'était pas le fruit du hasard. Le vert symbolisait la végé-

---

38. Tout récemment, en mars 2000, des fragments d'inscription ont été découverts dans la tombe d'Ankhenespépy II, la mère de Pépy II, ce qui élève à dix le nombre de pyramides à textes.

39. Dans N. Guilhou, B. Mathieu, «Cent dix ans d'étude des Textes des Pyramides», dans C. Berger, B. Mathieu (dir.), *Études sur l'Ancien Empire et la nécropole de Saqqâra dédiées à Jean-Philippe Lauer, OrMonsp. IX*, 1997, p. 233-244, les auteurs dressent une bibliographie exhaustive des ouvrages et articles consacrés aux *Textes des Pyramides*.

tation; il avait donc une vertu régénératrice, à l'inverse du blanc qui représentait le désert et la sécheresse. Aussi, lorsque le prêtre-lecteur récitait à haute voix les inscriptions à la fin de la cérémonie d'enterrement du pharaon, le contenu des textes devenait-il réalité, permettant au souverain défunt d'accéder à sa seconde vie.

Plusieurs indices d'ordre historique et culturel attestent du caractère très ancien de certaines formules des *Textes des Pyramides*. Ici, allusion est faite à Bouto, l'ancienne capitale de la Basse-Égypte, comme le siège d'une royauté ennemie avant que le pays ne soit unifié[40]. Là apparaissent des phrases où percent parfois des pratiques funéraires très reculées, comme l'enterrement du souverain dans un mastaba de brique crue, plutôt que dans une pyramide de pierre[41].

Si une partie du fond du corpus des *Textes des Pyramides* remonte assurément à une époque antérieure à l'âge des pyramides, rappelons cependant que ces formules ont été gravées à partir de fin de la Ve dynastie, période au cours de laquelle le culte solaire du dieu Rê atteint pour ainsi dire son zénith. Ainsi l'épithète «fils de Rê», que portait Djedefrê à la IVe dynastie, devient-elle à partir du règne d'Ounas un titre en bonne et due forme, apparaissant systématiquement à l'intérieur du cartouche* royal, où il précède le nom du souverain. C'est aussi au cours de

40. «Tu as mis ta terreur au coeur des rois du Nord à Bouto», § 1488.
41. «On t'a retiré la brique de la grande tombe», § 572.

38

la Ve dynastie que furent élevés à Abousir les temples solaires dédiés à Rê, dont la signification réelle prête cependant encore à discussion.

Compte tenu de la suprématie du culte de Rê à la fin de l'Ancien Empire, on ne s'étonnera pas de l'importance accordée dans les Textes des Pyramides au destin solaire du pharaon défunt. Le roi monte au ciel sous la forme d'une sauterelle, d'un scarabée ou plus souvent d'un oiseau pour rejoindre son père Rê[42]. Le vent et les nuages viennent à son aide[43], ainsi que Rê lui-même, qui envoie ses rayons pour permettre au pharaon de grimper au firmament[44] où le roi se fond avec le dieu solaire, d'après l'une des versions des Textes[45].

La théologie solaire, doctrine d'État, doit néanmoins composer avec la popularité croissante du culte osirien selon lequel le roi mort devient Osiris. L'insertion, dans le culte héliopolitain, de passages inspirés du mythe osirien ne va d'ailleurs pas sans peine, puisque le roi monte au ciel en prenant les traits d'Osiris qui est pourtant le dieu chthonien par excellence[46]!

---

42. «ô ce Pépy <...>, tes ailes sont étendues comme celles du faucon au grand corps, comme celles de l'épervier quand il est vu au soir, parcourant le ciel. Tu traverses le ciel sur la voie de Rê-Horakhty.» § 1048.

43. «Les nuages du ciel l'ont emporté et élevé vers Rê.» § 774.

44. «Téti, tu grimpes, tu montes sur la lumière.» § 751.

45. «Assieds-toi sur ce trône de Rê et commande aux dieux car tu es Rê sorti de Nout qui enfante Rê quotidiennement. Mérenrê naît chaque jour comme Rê.», § 1608.

46. «Le ciel parle; la terre tremble de peur de toi, Osiris, quand tu fais ta montée.» § 549.

Le rapport entre le contenu des Textes des Pyramides et l'aménagement intérieur du tombeau royal.

Nous avons vu précédemment que la dernière phase de l'évolution de l'architecture funéraire de l'Ancien Empire coïncidait avec l'uniformisation de l'organisation spatiale de l'infrastructure de la pyramide.

Le caractère homogène de l'aménagement des salles à l'intérieur du tombeau royal survient peu ou prou au moment où les *Textes des Pyramides* font leur apparition dans les monuments funéraires, à la fin de la Ve dynastie. Ce synchronisme est loin d'être fortuit, car le contenu des inscriptions respecte un ordre logique, fondé sur la répartition des parois et des pièces dans la pyramide[47].

Les *Textes des Pyramides* décrivent les étapes successives qui amènent le *Ba** du roi à se transformer progressivement en *Akh**[48]. Le point de départ de ce circuit était la chambre funéraire **(fig.12)**, dans laquelle reposait le sarcophage. En quittant la momie

---

47. Sur le rapport entre architecture et résurrection, voir J. P. Allen, «Reading a pyramid», dans C. Berger, G. Clerc, N. Grimal (dir.), *Hommages à Jean Leclant, 1. Études pharaoniques, BdE* 106/1, 1994, p. 24-28 et B. Mathieu, «Que sont les Textes des Pyramides?», *Egypte, Afrique & Orient* 12, février 1999, p. 13-22; J. Osing, «Zur Disposition der Pyramidentexte des Unas», *MDAIK* 42, 1986, p. 131-144.

48. Sur ce thème, voir G. Englund, «La lumière et la répartition des textes dans la pyramide», dans C. Berger, G. Clerc, N. Grimal (dir.), *op. cit.*, p. 169-180.

avant d'entamer son voyage qui devait le mener vers l'au-delà, le *ba* avait besoin de vivres et de défenses pour se prémunir contre les dangers de toutes sortes qui le menaçaient. Aussi les parois du caveau royal sont-elles couvertes de formules d'offrande[49] et de protection gravées à l'intention du pharaon.

Les formules de résurrection inscrites dans le caveau indiquent que celui-ci était perçu comme étant la transposition architecturale de la *Douat**, le lieu où réside Osiris. En traversant le couloir qui le menait vers l'antichambre, plus à l'est, le *ba* du roi pénétrait ensuite dans la deuxième sphère de l'au-delà appelée l'*Akhet* ou l'Horizon[50], localisée juste sous le ciel. En dernier lieu, l'âme étant désormais passé à l'état d'*akh*, quittait l'antichambre par la porte située au nord et gagnait directement le ciel[51].

On sait que la procession funéraire qui amenait la dépouille du roi vers son lieu de repos éternel suivait un cheminement est-ouest, qui respectait la

---

49. «Ce sont Hâpy, Douamoutef, Qébehsénouf et Imséti (= les quatre fils d'Horus) qui chasseront cette faim qui est dans le ventre de Téti, cette soif qui est sur les lèvres de Téti.» § 338. B. Mathieu, *Ibid*, p. 16.

50. «On fera traverser Ounas que voici vers le côté oriental de l'Horizon!», § 341a. B. Mathieu, «La signification du serdab dans la pyramide d'Ounas. L'architecture des appartements funéraires royaux à la lumière des textes des pyramides», dans C. Berger, B. Mathieu (dir.), *op. cit.,* p. 304.

51. «Ouvrez les deux vantaux du ciel, ouvrez pour Ounas les deux vantaux du ciel!» § 502a-b. *Ibid*. D'après l'auteur, l'*akh* passait dans la pièce anépigraphe située à l'est de l'antichambre, assimilée comme la chambre funéraire à la Douat, avant de monter au ciel.

41

direction de la course diurne du soleil dans le ciel. Le retour à la vie passait précisément par le cheminement inverse, puisque l'âme traversait d'ouest en est la chambre funéraire, l'antichambre puis le couloir horizontal, pour enfin gagner la clarté du jour. Les Égyptiens ont donc continué à calquer avec brio le processus de résurrection sur la métaphore de la course solaire. En effet, d'après la cosmogonie de cette antique civilisation, le soleil se levait dans la partie orientale du ciel seulement après avoir parcouru d'ouest en est les entrailles de la terre, au cours de son périple nocturne.

Ancien Empire	vers 2700-2200 av. J.-C.

IIIᵉ dynastie — 2700-2620 av. J.-C.

- Djéser (Horus Neterykhet) — 2700-2670
- Sanakht
- Sekhemkhet
- ... un certain nombre de rois :
  Khaba, Nebka, etc.
- Qahedjet, peut-être la même
  personne que Houni

IVᵉ dynastie — 2620-2500 av. J.-C.

- Snéfrou — 2620-2590
- Chéops — 2590-2565
- Djedefrê (ou Rêdjedef ou Didoufri) — 2565-2558
- Chéphren — 2558-2533
- Mykérinos — 2533-2515
- ... peut-être quelques autres rois
- Chepseskaf — 2505-2500

Vᵉ dynastie — 2500-2350 av. J.-C.

- Ouserkaf — 2500-2492
- Sahourê — 2492-2480
- Néferirkarê-Kakaï — 2480-2470
- Chepseskarê — 2470-2462
- Néferefrê (ou Rênéferef) — 2462-2453
- Niouserrê — 2453-2420
- Menkaouhor-Akaouhor — 2420-2411
- Djedkarê-Izézi — 2411-2380
- Ounas — 2380-2350

VIᵉ dynastie — 2350-2200 av. J.-C.

- Téti — 2350-2340
- Ouserkarê — 2340-2339
- Pépi Iᵉʳ — 2339-2297
- Mérenrê — 2297-2292
- Pépi II — 2292-2203
- Mérenrê II — 2203-2202
- Nitocris — 2202-2200
- ... peut-être quelques autres rois

fig.1 : Chronologie de l'Ancien Empire
(d'après L'art égyptien au temps des pyramides, 1999, p.17).

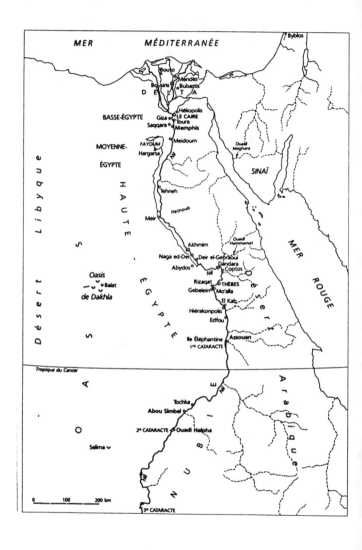

fig.2: Carte de l'Égypte
(d'après *L'art égyptien au temps des pyramides*, 1999, p.18, fig.1).

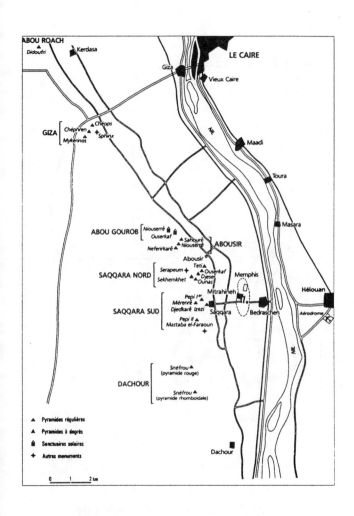

fig.3: Carte de la région memphite
(d'après *L'art égyptien au temps des pyramides*, 1999, p. 19, fig.2).

45

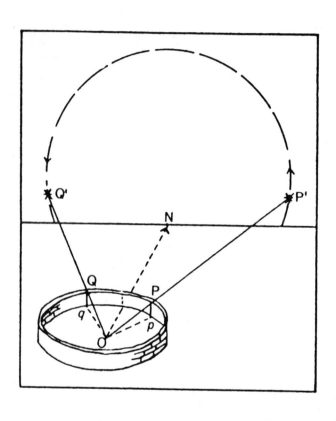

fig.4: Méthode d'observation de
la course des étoiles pour situer le Nord
(d'après I.E.S. Edwards, *Les pyramides d'Égypte*, 1992, p.301, fig.110).

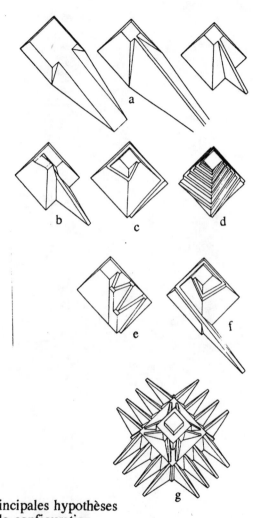

fig.5: Principales hypothèses
   sur la configuration
   des rampes utilisées
dans le transport des blocs
   (d'après M.Lehner, *The Complete Pyramids*, 1997, p. 216).

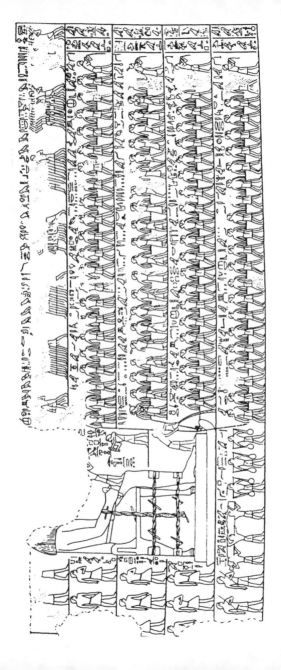

fig.6: Scène tirée de la tombe de Djéhoutihetep de la XIIe dynastie
(d'après M. Lehner, *The Complete Pyramids*, 1997, p. 203).

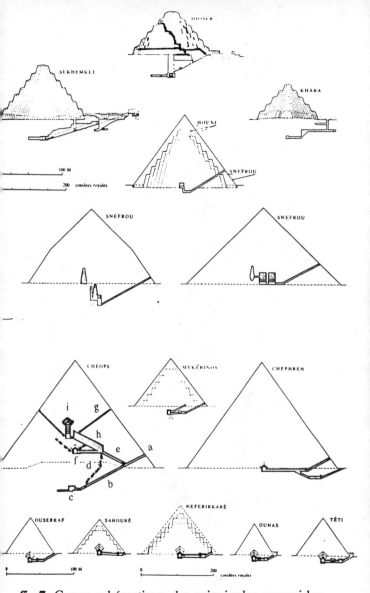

fig.7: Coupe schématique des principales pyramides de l'Ancien Empire
(d'après J.-P. Lauer, *Le Mystère des Pyramides*, 1988, p.256-257, fig.88).

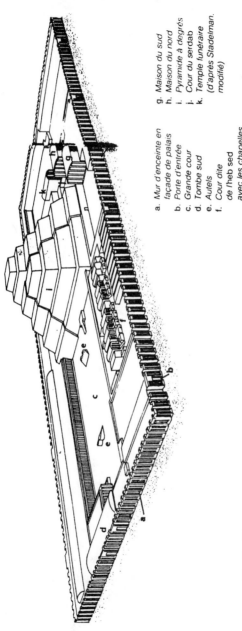

fig.8: Complexe funéraire de Djoser à Saqqara
(d'après A. Siliotti, *Pyramides. Guide des meilleurs sites*, 1997, p.36-37).

a. Mur d'enceinte en façade de palais
b. Porte d'entrée
c. Grande cour
d. Tombe sud
e. Autels
f. Cour dite de l'heb sed avec les chapelles attenantes
g. Maison du sud
h. Maison du nord
i. Pyramide à degrés
j. Cour du serdab
k. Temple funéraire *(d'après Stadelman. modifié)*

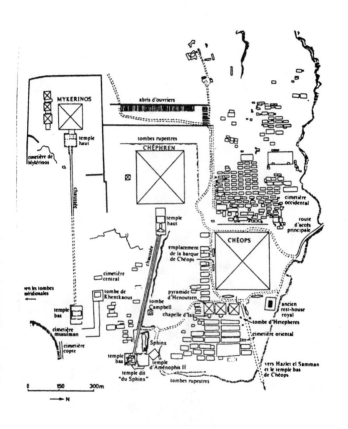

fig.9: Plan d'ensemble de Giza
(d'après N. Grimal, *Histoire de l'Egypte ancienne*, 1988, p. 159, fig. 53).

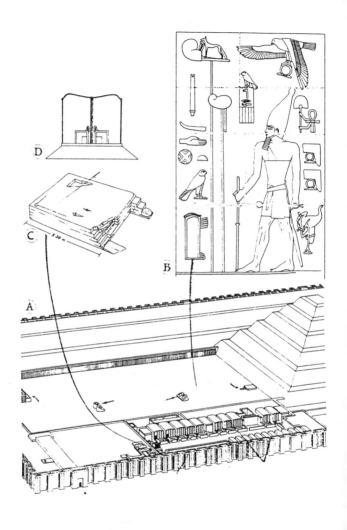

fig.10: Architecture et idéologie royale
(d'après B.J. Kemp, *Ancient Egypt. Anatomy of a civilization*, 1989, p. 58, fig. 19).

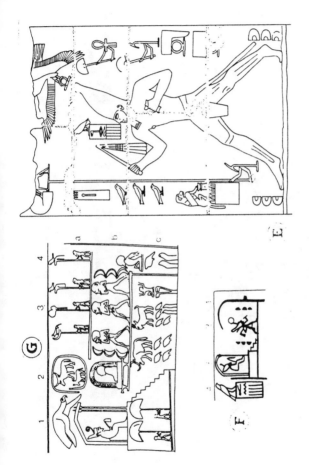

fig.11: Rituel de la Course et fête-sed
(d'après B.J. Kemp, *Ancient Egypt. Anatomy of a civilization*, 1989, p. 60, fig. 20).

53

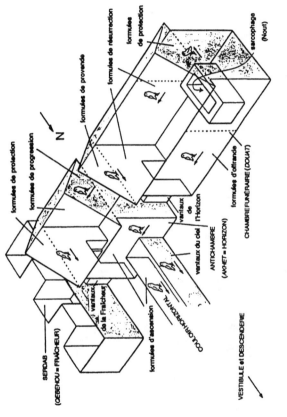

fig.12: Parcours de l'âme du pharaon dans la pyramide d'Ounas
(d'après B. Mathieu, *Égypte, Afrique & Orient*, 12, février 1999, p. 17, fig.3).

54

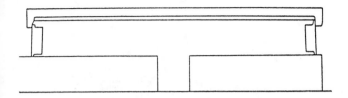

fig.13a: Représentation schématique
d'une tente de purification en forme de «portail du ciel»
(d'après E. Brovarski, *Orientalia* 46, 1977, p. 107, fig.1).

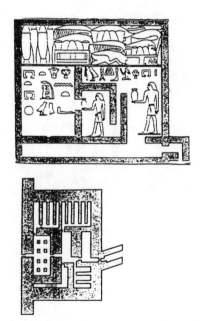

fig.13b: plan comparatif du temple de la vallée
de Pépy II et de la ouabet de Qar
(d'après M.Lehner, *The Complete Pyramids*, 1997, p. 26).

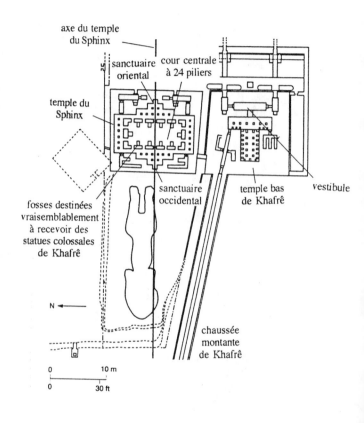

fig.14: Le Sphinx de Giza et son temple
(à partir de M.Lehner, *The Complete Pyramids*, 1997, p. 129).

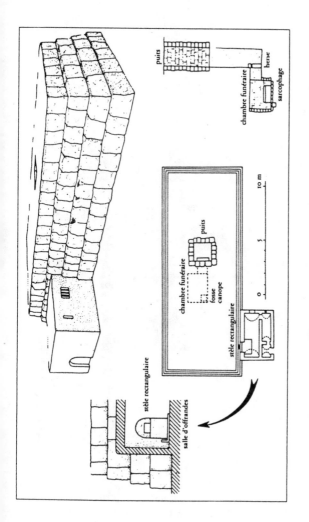

fig.15: Représentation type d'un mastaba de la IVe dynastie
(d'après *L'art égyptien au temps des pyramides*, 1999, p. 58, fig. 35).

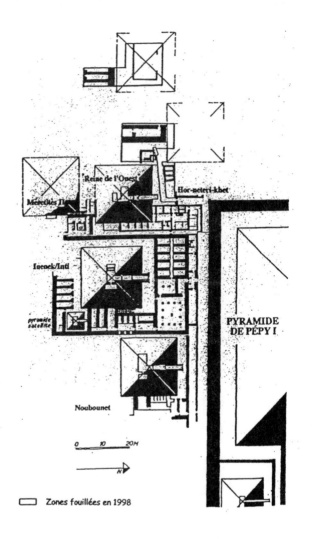

fig.16: Croquis du secteur
des pyramides de reines de Pépy Ier
(d'après J. Leclant, A. Labrousse, *Académie des Inscriptions & Belles-Lettres,
Compte rendus des séances de l'année 1998*, p. 487, fig.3).

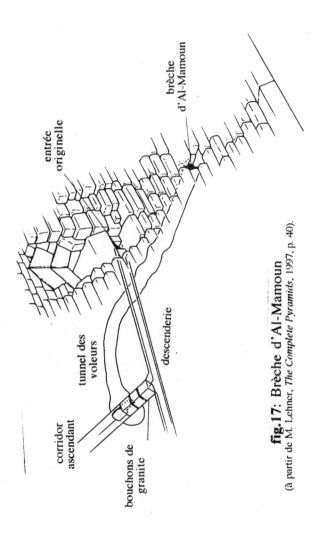

fig.17: Brèche d'Al-Mamoun
(à partir de M. Lehner, *The Complete Pyramids*, 1997, p. 40).

Labels within the figure:

entrée originelle

brèche d'Al-Mamoun

corridor ascendant

bouchons de granite

tunnel des voleurs

descenderie

fig.18a: Voûte en encorbellement
(d'après I.E.S. Edwards, *Les pyramides d'Égypte*, 1992, p.133, fig. 50)

fig.18b: Serekh (à partir de B.J. Kemp, *Ancient Egypt. Anatomy of a civilization*, 1989, p.38, fig. 10).

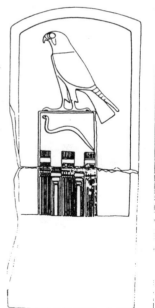

le dieu Horus ▷

nom du roi
(Djet, le cobra) ▷

serekh avec motif
en façade de palais ▷

CHAPITRE 6

Comment se déroulaient les funérailles royales?

Avant que la dépouille du pharaon ne soit déposée dans la pyramide, des funérailles avaient lieu dans le complexe funéraire royal. En quoi consistaient les cérémonies entourant l'enterrement du souverain et où avaient-elles lieu? Les sources iconographiques royales étant avares de renseignements à ce propos, c'est principalement la confrontation des scènes tirées de tombes privées avec l'archéologie des complexes funéraires royaux qui jette une certaine lumière sur les rites funéraires accompagnant le décès du pharaon[52].

La préparation du corps

Une fois la mort du roi annoncée, une période était consacrée à préparer le corps du roi pour sa vie dans l'au-delà.

La dépouille du souverain était d'abord transportée par bateau sur le Nil vers sa demeure éternelle. Une superbe embarcation de cèdre, longue de près de

---

52. Depuis peu, l'étude de textes liturgiques permet de mieux cerner cet aspect du culte funéraire chez les particuliers. Voir, J. Assmann, «Egyptian Mortuary Liturgies», dans S. I. Groll (dir.), *Studies in Egyptology presented to Miriam Lichtheim*. Jerusalem, p. 1-45.

45 mètres et actuellement exposée dans un musée au sud de la pyramide de Khoufou, fut probablement employée pour le transport du cercueil de ce roi. Déterrée en 1954 d'une fosse rectangulaire à l'endroit où s'élève aujourd'hui le bâtiment abritant l'embarcation **(fig. 9)**, les anciens Égyptiens avaient pris soin de démanteler le navire avant de l'enfouir. Il a fallu plusieurs années à un artisan égyptien, A. Youssef, pour rassembler le bateau à partir des 1224 pièces dont il était constitué[53].

On sait, d'après de multiples représentations tirées de tombes privées, que les premiers rites funéraires se déroulaient dans une tente supportée par des pôles, que les Égyptiens appelaient *ibou*. Située au bord de l'eau, cette structure était accessible par deux rampes qui partaient depuis le canal où venait accoster le bateau.

Une inscription de la VIe dynastie dans la tombe de Qar précise que la fonction principale de cette tente était de purifier les personnes (notamment le défunt, mais aussi les officiants du culte) et les choses (l'équipement funéraire et les offrandes alimentaires) destinées à pénétrer dans la nécropole, domaine considéré comme un lieu sacré.

Des fouilles menées en aval du temple bas de Khafrê à Giza et de celui de Pépy II à Saqqara ont permis de dégager les restes de rampes du genre de

---

53. M. Lehner, *The Complete Pyramids*, 1997, p. 118-119. Pour plus de détails, N. Jenkins, *The Boat beneath the Pyramid. King Cheops' Royal Ship*. Londres : Thames & Hudson, 1980, 184 p.

celles représentées dans les tombes des particuliers. Sur une plate-forme située devant le temple, des séries de trous avaient été creusés à intervalles réguliers, afin de recevoir en toute probabilité les poteaux d'une tente de type *ibou*.

Aucune représentation d'une tente royale n'étant connue, il faut nous tourner vers les *Textes des Pyramides* pour y apprendre que le *seh netjer* (l'équivalent royal de l'*ibou* des particuliers) était fait de branchage, assemblage qui devait symboliquement évoquer le marécage ou le champ de roseaux auquel les Textes font allusion, et dans lequel avait lieu la purification.

Cette opération était rendue nécessaire pour que le souverain puisse être débarrassé de toute souillure au moment de monter aux cieux dans la barque solaire où il devenait dieu à part entière. Le parallèle a d'ailleurs été établi entre la conception architecturale de certaines tentes de purification, dont l'arrangement spatial incorpore les signes hiéroglyphiques qui entrent dans la composition de l'expression «le portail du ciel (*aouy pet*)» **(fig. 13a)**, et son rôle en tant que lieu de passage vers le firmament[54].

Une fois le corps du pharaon lustré, l'opération de momification pouvait alors débuter. Dans la tombe privée de Qar, une construction en dur semble avoir servi à accomplir ce rite. Appelé généralement «le lieu pur d'embaumement (*ouabet n out*)», cet édifice

---

54. E. Brovarski, «The Doors of Heaven», *Orientalia* 46, 1977, p. 107-110.

devait correspondre chez le roi au temple de la vallée*, construit en pierre. Le plan du temple bas de Pépy II à Saqqara-sud, par exemple, est fort analogue à celui de la Ouabet représentée dans la tombe de Qar (**fig. 13b**) [55].

La première étape de l'embaumement consistait à retirer les parties internes du corps, susceptibles de pourrir. Aussi les viscères, les poumons, le foie et l'estomac étaient-ils extraits du cadavre pour être placés dans des vases que l'on nomme canopes. La dépouille était ensuite remplie de natron en vue de déshydrater le corps, puis entourée de lin préalablement trempé dans de la résine. Ce traitement, à l'état encore expérimental à l'Ancien Empire, était particulièrement long et pouvait durer plus d'un an.[56]

Il est également possible que le temple de la vallée ait servi de lieu de séjour aux diverses divinités qui venaient accueillir en leur sein le roi nouvellement divinisé. À ces occasions, des processions de statues divines avaient lieu près ou dans le temple.

Enfin, une cérémonie, appelée «le rituel de l'ouverture de la bouche», visait à redonner vie au défunt, avant que sa dépouille ne soit transportée dans le caveau royal. Un prêtre frôlait la bouche, les

---

55. Sur l'*ibou* et la *ouabet*, M. Lehner, *op. cit.*, p. 25-26. J. K. Hoffmeier, «The possible origins of the tent of purification in the Egyptian funerary cult», *SAK* 9, 1981, p. 167-177 qui traite aussi de la tente *seh netjer*.

56. S. D'Auria, «Mummification in Ancient Egypt» dans Museum of Fine Arts Boston, *Mummies & Magic. The Funerary Arts of Ancient Egypt*, 1988, p. 15-16.

yeux, le nez et les oreilles de la momie, afin que le mort puisse recouvrer ses sens. Ce dernier pouvait alors à nouveau respirer, parler, et surtout manger; on faisait ensuite au roi des offrandes d'aliments et de boissons pour qu'il puisse entamer repu et désaltéré son voyage vers l'au-delà[57].

Le transfert dans la tombe

Une fois le corps du roi préparé, le pharaon momifié était transporté du temple bas vers le temple haut, en passant vraisemblablement par la chaussée montante. Longue parfois d'un demi-kilomètre, celle-ci était entièrement recouverte, afin que la momie purifiée n'entre pas en contact avec l'extérieur[58].

La dépouille du roi était ensuite transportée dans le caveau. Diverses mesures étaient adoptées pour interdire l'accès de la chambre sépulcrale à d'éventuels voleurs, notamment le recours à de grosses dalles de pierre placées stratégiquement dans le ré-

---

57. C. Zivie-Coche, *Dieux et hommes en Égypte. 3000 av. J. C.-395 apr. J. C.*. Paris: Armand Colin, 1991, p. 176-177. Le même rite était effectué sur les statues du *ka* représentant le roi.

58. Dans D. Arnold , «Rituale und Pyramidentempel», *MDAIK* 33, 1977, p. 1-5, l'auteur doute que le cortège funèbre soit passé par la chaussée montante et le temple haut, qu'il juge trop exigus pour une telle procession. Cet argument, accepté par D. O'Connor, «The Interpretation of the Old Kingdom Pyramid Complex» dans H. Guksch, D. Polz (dir.), *Stationen. Beiträge zur Kulturgeschichte Ägyptens*. Mainz: Philip von Zabern, 1998, p. 135, est réfuté par R. Stadelmann, «The development of the pyramid temple in the Fourth Dynasty», dans S. Quirke (dir.), *The Temple in Ancient Egypt. New discoveries and recent research*. Londres: British Museum Press, 1997, p. 8.

seau des galeries de la pyramide. Dans le cas de Khoufou, d'immenses bouchons de granite furent disposés dans l'antichambre, devant l'entrée de la chambre sépulcrale, ainsi que dans le passage ascendant au point de jonction avec la descenderie. Ces manoeuvres complexes obligeaient les ouvriers à regagner l'air libre après s'être laissés glisser le long d'un puits sommairement aménagé qui partait de l'extrémité du couloir menant à la «Chambre de la Reine», et débouchait dans la descenderie (**fig. 7**). Ces précautions s'avérèrent malheureusement inutiles contre le pillage du tombeau royal, qui eut lieu vraisemblablement dès l'Antiquité.

Le culte funéraire

Les cérémonies entourant la mort du pharaon constituaient uniquement pour ce dernier la première étape vers une seconde vie. Pour que le souverain puisse continuer à exister, il était indispensable qu'un culte funéraire soit instauré, dont le temple haut était le principal théâtre. Si on peut schématiquement assimiler le caveau royal aux appartements privés du souverain où nul ne pouvait venir troubler l'intimité du défunt, le temple haut peut être considéré comme le palais du monarque dans lequel il venait, entre autres, faire sa toilette et se restaurer[59].

Les archives découvertes à Abousir dans le complexe funéraire de Neferirkarê, de la Ve dynastie,

---

59. M. Lehner, *op. cit.*, p. 235. Sur le temple haut comme la réplique dans l'au-delà de la résidence royale, D. Arnold, *loc.cit.*, p. 5-14.

constituent les témoins exceptionnels de l'organisation complexe liée à l'administration du culte funéraire royal. Datés du règne de Djedkarê-Izézi, un roi postérieur de plusieurs décennies à Neferirkarê et à qui la responsabilité d'entretenir le culte funéraire de son prédécesseur échut, ces papyrus constituent une mine de renseignements sur la nature des fonctions sacerdotales, le calendrier des rites et la composition des produits utilisés dans le déroulement des cérémonies[60].

D'après ces documents, on sait que le temple haut abritait un certain nombre de statues à l'effigie du roi (ce que l'archéologie a confirmé), chacune d'elles le représentant sous un aspect particulier, tantôt en tant que souverain du pays tout entier, tantôt comme Osiris, le dieu du royaume des morts. Avec pour fond sonore des prières récitées au bénéfice du roi décédé, ces statues étaient lavées et vêtues matin et soir par des prêtres affectés à cette fonction. Un repas rituel était ensuite offert au défunt, probablement sur une table d'offrandes placée devant les statues. Les produits entrant dans la composition du menu quotidien, ainsi que dans celui des festins organisés en l'honneur du roi lors des nombreuses fêtes religieuses qui ponctuaient l'année, provenaient de domaines agricoles dispersés à travers tout le pays. Appelés *hout ka*, «le domaine du ka», ils servaient à

---

60. L'ouvrage de référence pour ces papyrus est P. Posener-Krieger, *Les archives du temple funéraire de Néferirkarê-Kakaï, (les papyrus d'Abousir): traduction et commentaire*, BdE 65, 1976, 697 p.

assurer génération après génération l'approvisionne-
ment *post mortem* du pharaon[61]. Objet de tous les
soins (le roi avait même à sa disposition un ou plusieurs coiffeurs, comme l'atteste la mention du titre
«coiffeur du palais» dans les papyrus d'Abousir!) [62],
nourri et logé, le pharaon pouvait ainsi entamer sa
trajectoire solaire qui le menait tous les jours dans le
ciel supérieur, puis inférieur de l'univers.

---

61. Sur ces domaines, H. Jacquet-Gordon, *Les noms des domaines funéraires sous l'Ancien Empire égyptien*. BdE 34, 1962,
505 p.

62. M. Lehner, *ibid*, p. 234-235.

CHAPITRE 7

Qui a construit, puis restauré le Sphinx et son temple, et que matérialisent-ils?

Rares sont les monuments des nécropoles royales de l'Ancien Empire dont la fonction reste aussi énigmatique que celle du Sphinx de Giza, un des sites pourtant parmi les plus visités d'Égypte. Si de nombreuses théories parfois fantaisistes abondent à propos de l'âge et la fonction de ce vénérable lion antique[63], c'est en partie à cause du caractère grandiose de cette sculpture, haute d'une vingtaine de mètres et longue de plus de 70 mètres. Unique spécimen de la statuaire égyptienne monumentale à l'Ancien Empire, il faut attendre les règnes d'Amenhotep III et Ramsès II du Nouvel Empire (1550-1070 av. J. C.) pour que soient élevées des statues de taille comparable. Le caractère lacunaire des textes, à propos de l'identité de son bâtisseur et des raisons qui l'ont poussé à ériger ce monument, a également contribué à entourer le Sphinx d'une aura de mystère.

---

63. Certains auteurs, en se fondant sur l'analyse erronée des facteurs d'érosion du Sphinx, ont voulu faire remonter la date de construction du Sphinx entre les VIIIe et VIe millénaires avant J. C., mais cette thèse a été réfutée de manière convaincante par les deux grands spécialistes actuels du Sphinx, M. Lehner et Z. Hawass, «Remnant of a Lost Civilization?», *Archaeology* 47, 5 (Sept.-Oct. 1994), p. 45-47.

La construction et la restauration du Sphinx et de son temple

Plusieurs arguments militent en faveur de la construction du Sphinx à la IVe dynastie, par Khafrê, le fils probable de Khoufou.

En premier lieu, la localisation du Sphinx aux abords de la chaussée montante de Khafrê et de son temple d'accueil (**fig. 9**) l'associe étroitement au règne de ce pharaon. Le temple du Sphinx, construit en même temps que le colosse, est d'ailleurs orienté en fonction du temple d'accueil de Khafrê qu'il jouxte[64].

Une raison supplémentaire qui fait pencher la balance en faveur de Khafrê comme constructeur du Sphinx est le nombre important de grandes statues sculptées à l'effigie de ce roi. Des fosses creusées à divers endroits dans les temples suggèrent que ces emplacements étaient destinés à recevoir près d'une soixantaine de statues, dont des sphinx de 8 mètres de longueur. Signalons enfin que le visage du Sphinx comporte plusieurs ressemblances physiques avec le portrait en ronde-bosse de Khafrê.

L'architecte de Khafrê s'est servi du milieu naturel comme matériau de base pour l'édification du Sphinx, le lion ayant été taillé sur place à même la roche. La partie inférieure du monument a en sus été revêtue de blocs de pierre provenant de carrières avoisinantes. Les qualités naturelles de la pierre dif-

---

64. Idem, «The Sphinx: Who built it, and why?», *loc. cit.*, p. 34.

fèrent énormément d'une couche à l'autre. Si l'état des strates inférieures de calcaire formant la base du monument est assez bon, il en est tout autrement de la partie médiane du Sphinx où le processus d'érosion est si avancé, que la pierre s'effrite à l'ongle. En revanche, la couche supérieure du Sphinx est d'excellente qualité, ce qui a permis aux artisans de façonner avec aisance la nuque, la tête et la barbe postiche. Les ouvriers n'ont toutefois pas eu le temps de terminer de creuser entièrement le fossé autour de l'animal, puisqu'un massif subsiste encore à l'arrière du Sphinx. On a d'ailleurs retrouvé des instruments de travail sur le site, abandonnés là par les travailleurs.

Le Sphinx faisait face à un temple, dont l'axe était situé dans le prolongement de la ligne formée par le bord méridional du corps du lion (**fig. 14**). Inspiré du plan du temple haut de Khafrê, le temple du Sphinx comportait une cour centrale à ciel ouvert autour de laquelle étaient probablement érigées une douzaine de statues appuyées contre des piliers. Une autre série de six piliers supportait le toit sur chacun des quatre côtés du temple. Deux sanctuaires, l'un à l'est et l'autre à l'ouest, avaient été aménagés dans des cavités situées respectivement à l'arrière et à l'avant du temple. Ce dernier, laissé inachevé à l'instar du Sphinx, semble ne jamais avoir servi.

Le Sphinx et son temple paraissent avoir été abandonnés vers la fin de l'Ancien Empire, et ce n'est qu'à la XVIIIe dynastie qu'ils suscitèrent un nouvel intérêt. Amenhotep II éleva un nouveau tem-

nouvel intérêt. Amenhotep II éleva un nouveau temple en l'honneur du Sphinx à l'angle nord-ouest de l'ancien. Un texte gravé sur la fameuse *stèle du Songe* de Thoutmosis IV, érigée entre les pattes de l'animal, précise que Thoutmosis devint pharaon après avoir répondu à la requête de l'animal de le dégager du sable qui le recouvrait[65]. Il est fort possible, d'après les vestiges d'un socle visibles derrière la stèle, qu'une statue monumentale à l'effigie du roi ait trôné entre les pattes du Sphinx. Consolidé par Thoutmosis IV, le Sphinx a été de nouveau remis en état au cours de la XXVIe dynastie (VIIe-VIe siècle av. J.- C.), puis à l'époque gréco-romaine (IVe siècle av. J.- C.-IVe ap. J.- C.). Le monument fait toujours l'objet de soins de la part du Service des Antiquités Égyptiennes[66].

Le rôle du Sphinx et de son temple

En l'absence de sources écrites, nous sommes malheureusement réduits à des conjectures à propos de la fonction du Sphinx et de son temple.

---

65. Une traduction complète de ce texte est donnée dans C. Lalouette, *Textes sacrés et textes profanes de l'ancienne Égypte. T.I: Des Pharaons et des hommes.* Paris: Gallimard, 1984, p. 37-39.

66. Pour un compte-rendu détaillé des travaux de restauration effectués sur le Sphinx, lire Z. Hawass, «The History of the Sphinx Conservation», F. A. Esmael, *Book of Proceedings. The First International Symposium on the Great Sphinx.* Cairo: Egyptian Antiquities Organization Press, 1992, p. 165-214.

H. Ricke, qui a fouillé le temple de 1967 à 1970[67], estime que celui-ci remplissait une fonction avant tout solaire. Ainsi les statues, au nombre de 12, représenteraient les heures de la journée ou les mois de l'année, et les 24 piliers les heures du jour. L'emplacement des deux sanctuaires à l'est et à l'ouest du temple, en conformité avec la trajectoire de la course solaire, confirmerait l'importance accordée au culte du dieu Rê. Des observations faites sur le site ont d'ailleurs montré que le soleil aux équinoxes se couche précisément dans l'axe du temple du Sphinx[68].

Quant au Sphinx, H. Ricke pensait qu'il représentait le dieu solaire Rê sculpté sous les traits de Khafrê. S'il est vrai que le Sphinx est identifié au dieu solaire Horemakhet («Horus qui est dans l'Horizon») au Nouvel Empire, notamment dans la *stèle du Songe*, il est difficile d'être sûr que les Égyptiens interprétaient le colosse léonin de cette manière dès l'Ancien Empire.[69]

---

67. H. Ricke, «Der Harmachistempel des Chefren in Giseh», *BÄBA* 10, 1970, p. 1-43.

68. M. Lehner, *The Complete Pyramids*, 1997, p. 129-130.

69. Le Sphinx est également considéré comme la représentation du pharaon Khafrê Horus, faisant des offrandes à Khoufou. Cf. Z. Hawass, «The programs of the royal funerary complexes of the fourth dynasty», dans D. O'connor, D. P. Silverman (dir.), *Ancient Egyptian Kingship, ProÄg* 9, 1995, p. 227.

CHAPITRE 8

Quel rapport existe-t-il entre la pyramide royale et les tombes avoisinantes?

Si la pyramide du pharaon constituait le noyau de la nécropole, les tombes des membres de la famille royale et celles des hauts dignitaires en formaient la périphérie. Les tombeaux de l'élite de la société sont parfois éloignés de la pyramide du roi, comme à Meidoum et à Dahchour, tandis qu'à Giza ils sont blottis au pied même du monument de Khoufou. Quel rapport existe-t-il entre les parties royale et privée de la nécropole à l'Ancien Empire et quelle évolution traduit-il au niveau de la société égyptienne?

L'arrangement spatial de la nécropole

Dès la Ire dynastie, d'importants fonctionnaires furent enterrés à proximité de leur souverain, comme en témoignent les tombes découvertes à Abydos, premier cimetière royal connu en Égypte. Avec le transfert de la capitale administrative à Memphis, les courtisans se firent ensevelir à Saqqara dans des tombes massives entourées de murs à redans[70] dont les motifs ne sont pas sans rappeler les structures en

---

70. Certains préfèrent considérer ces tombes comme des cénotaphes royaux plutôt que comme des tombes de particuliers.

roseaux et en bois utilisées dans la construction des maisons. À la IIIe dynastie, Djoser prit l'initiative de faire enterrer les membres de sa famille sous sa pyramide. Les tombes des hauts fonctionnaires, quant à elles, étaient toujours construites à l'écart du complexe funéraire, à environ un kilomètre plus au nord. Un fossé large d'une quarantaine de mètres fut d'ailleurs creusé tout autour du mur d'enceinte de l'ensemble funéraire de Djoser, afin d'empêcher les tombes de particuliers de proliférer dans une zone considérée comme sacrée[71].

À Meidoum, un chapelet de tombes au nord-est de la pyramide de Snéfrou fut aménagé par l'État pour accueillir la dépouille des hauts fonctionnaires. Plusieurs d'entre eux étaient des fils de roi, comme Nefermaât et Rahotep, enterrés en compagnie de leur épouse.

Les tombes privées du début de la IVe dynastie furent regroupées à divers endroits à Dahchour, lieu où Snéfrou fit élever deux pyramides. Les fouilles allemandes qui s'y déroulent permettent d'ébaucher une vue d'ensemble de l'organisation des cimetières et de mieux comprendre le rapport qui existe entre eux. Les pyramides se dressent en plein désert, sur un plateau visible depuis les terres arables, tandis

---

71. Les mastabas situés dans ce secteur sont postérieurs au règne de Djoser. Cf. M. Baud, «Aux pieds de Djoser. Les mastabas entre fossé et enceinte de la partie nord du complexe funéraire», dans C. Berger, B. Mathieu (dir.), *Études sur l'Ancien Empire et la nécropole de Saqqâra dédiées à Jean-Philippe Lauer*, OrMonsp. IX, 1997, p. 70.

que les mastabas sont situés en contrebas, plus à l'est. Les architectes semblent donc avoir sciemment tenu compte de la topographie du site pour mettre en valeur le caractère suprême du roi.

Dans un premier temps, les tombes des particuliers sont souvent disposées de manière plutôt désordonnée dans les alentours de la pyramide rhomboïdale (qui est le plus ancien des deux tombeaux royaux construits par Snéfrou à Dahchour). Par la suite, loin d'être le fruit du hasard, l'arrangement des mastabas à près d'un kilomètre au sud-est de la pyramide rouge de Snéfrou répond à des règles urbanistiques certaines. Les tombes sont alignées à équidistance et sont réparties sur plusieurs rangs; les mastabas des membres de la famille royale sont disposés à l'ouest, en direction de la pyramide, tandis que ceux des personnes issues de classes sociales plus modestes en sont plus éloignés[72]. Dans cette deuxième phase d'expansion, l'État intervient plus directement dans la planification de la nécropole, vraisemblablement pour y faire mieux respecter le caractère hiérarchique de son arrangement.

Khoufou adopte le plan quadrillé de son prédécesseur pour le cimetière privé qu'il fait bâtir à Gizeh. Localisée pour la première fois à très faible distance de la pyramide, la nécropole est véritablement devenue la réplique d'une petite ville, la disposition et la taille des demeures étant toujours

---

72. R. Stadelmann, N. Alexanian, «Die Friedhöfe des Alten und Mittleren Reiches in Dahschur», *MDAIK* 54 1998, p. 315-317.

déterminées selon un ordre hiérarchique. La pyramide du roi, située en son coeur, domine et protège les tombeaux de ses sujets. La reine-mère et les deux épouses du roi se voient octroyer le privilège de se faire élever une petite pyramide, à l'est de celle du pharaon. Ses enfants et les membres proches de sa famille sont enterrés plus à l'est encore, alors que les hauts fonctionnaires de sang non royal et d'autres princes - dont Hémiounou, l'architecte de la pyramide de Khoufou - se sont vus dotés d'un mastaba à l'ouest du tombeau de Khoufou (**fig. 9**). Aucun autre site de l'Ancien Empire ne témoigne d'une planification aussi rigoureuse.

Les premiers mastabas taillés dans le roc - on parle de tombes rupestres - font leur apparition sous le règne de Khafrê et sont destinés à ses épouses et ses enfants. À partir de la Ve dynastie, certains hauts fonctionnaires bénéficient de tombes monumentales, comme Ptahchepsès dont la tombe à Abousir, pourvue de nombreuses salles et agrandie à diverses reprises au cours de la carrière de son propriétaire, est le plus grand tombeau privé de l'Ancien Empire.

L'avènement de la VIe dynastie coïncide avec une certaine perte du caractère divin du roi, à en juger par les dimensions plus modestes des pyramides. Alors qu'à la IVe dynastie, les reines se faisaient enterrer dans des pyramides satellites beaucoup plus petites que celle du pharaon, l'écart se réduit considérablement, notamment à partir du règne de Pépy I. Les reines possèdent alors un complexe pyramidal dont les attributs n'ont jamais été aussi proches de celui des rois.

Les caractéristiques architecturales des mastabas

Il est important de garder en mémoire le fait que les tombes érigées à proximité des pyramides royales étaient celles de l'élite de la société. En effet, seuls certains hauts dignitaires se voyaient octroyés le privilège par le pharaon d'élever un monument en pierre, ce matériau apparaissant chez les particuliers à partir de la IVe dynastie, les tombes antérieures ayant été construites en brique crue, comme à Meidoum. La plupart des gens étaient ensevelis dans des fosses communes, avec le strict minimum pour seul bagage vers l'éternité.

La forme typique de la tombe privée à l'Ancien Empire rappelle vaguement celle d'un banc, d'où le nom de «mastaba» (signifiant «banquette» en arabe) qu'on leur attribue[73].

Le mastaba se divise en deux parties: la superstructure érigée au-dessus du sol, comportant les salles vouées au culte du défunt; l'infrastructure souterraine, avec le caveau funéraire dans lequel était placé le sarcophage, et le puits qui y menait. En d'autres termes, la superstructure était la partie de la tombe qui liait le défunt au monde terrestre, tandis

---

73. Si les anciens Égyptiens avaient eu l'idée d'enterrer leurs veaux dans des tombes, nous aurions eu là les premières «b(l)anquettes de veau à l'ancienne» de l'histoire!

que l'infrastructure, inaccessible aux vivants, était le domaine réservé aux morts (**fig. 15**).

Un élément fondamental de la superstructure était la chapelle d'offrandes. En effet, il ne suffisait pas au mort qu'on lui construise une tombe pour qu'il accède à l'au-delà. Encore fallait-il pourvoir le défunt en aliments et en boissons afin qu'il ait de quoi se nourrir dans l'après-vie.

Il était donc essentiel de déposer des offrandes au pied d'une stèle que l'on appelle stèle d'offrande ou fausse-porte (**fig. 15**), tâche qui incombait aux membres de la famille de la personne décédée. Le terme de fausse-porte est très évocateur, car il traduit bien la notion de lieu de passage entre le monde des vivants et celui des morts. Au cas où les aliments venaient pour une raison ou une autre à manquer, on gravait sur la stèle la représentation du repas funéraire, avec le défunt assis devant un amoncellement d'offrandes. Ces stèles fausses-portes constituent en outre pour l'historien un outil précieux pour connaître la fonction et le nom du destinataire de la tombe, car l'identité du mort apparaît à divers endroits sur le monument.

Les membres de la famille du défunt n'étaient pas les seuls à pouvoir subvenir aux besoins alimentaires du mort. Un texte que l'on appelle conventionnellement «l'appel aux vivants» était en effet gravé sur la façade extérieure de la chapelle, afin d'exhorter les passants à honorer la mémoire du défunt en lisant tout haut l'inscription qui faisait allusion aux offrandes.

Un dernier élément constitutif de la superstructure de la tombe qu'il est important d'évoquer est le serdab, une petite salle contenant les effigies du mort. En cas de destruction de la momie, l'âme du défunt pouvait trouver refuge dans ces statues le représentant.

Il serait impossible de terminer cette section sur les mastabas, sans évoquer la richesse des très nombreuses scènes qui ornent les murs des tombes. Les Égyptiens concevaient la mort comme la continuation de la vie et représentaient sur les parois des tranches de leur vie quotidienne, dans l'espoir que leur mode de vie se perpétuerait dans l'au-delà[74].

---

74. P. Janosi, «Les tombes privées, des 'maisons d'éternité'», dans Paris - Galeries nationales du Grand Palais, *L'art égyptien au temps des pyramides*. Paris: Réunion des musées nationaux, 1999, p. 56-63.

CHAPITRE 9

Quel est l'état actuel des recherches sur les pyramides?

Même abandonnés à leur solitude désertique, les complexes funéraires royaux de l'Ancien Empire continuèrent à exercer une fascination auprès des Égyptiens, à tel point que des pharaons de la XVIIIe dynastie entreprirent de dégager et de restaurer le Sphinx et que Khaemouaset, un fils du célèbre Ramsès II, effectua des travaux de réfection sur quelques pyramides des Ve et VIe dynasties à Saqqara et à Abousir[75]. Depuis les auteurs grecs jusqu'à aujourd'hui, en passant par les historiens arabes, les voyageurs européens des temps modernes et les fouilleurs de l'époque contemporaine, peu de monuments dans l'histoire de l'humanité ont suscité un engouement aussi continu que les pyramides, celles de Giza étant dès l'Antiquité considérées comme l'une des Sept Merveilles du monde. À la suite des études successivement menées par d'éminents savants aux XIXe et XXe siècles, les tombeaux royaux de l'Ancien Empire font toujours l'objet de recherches variées. En quoi celles-ci consistent-elles et dans quelles directions progressent-elles?

---

75. M. Lehner, *The Complete Pyramids*, 1997, p. 38.

Les fouilles archéologiques

Le sable recouvre encore de nombreux décombres enfouis dans le sol égyptien, faisant du pays un immense chantier de fouilles. La plupart des pays occidentaux, dont la France, l'Allemagne et les Etats-Unis, possèdent un organisme permanent en Égypte qui, en étroite collaboration avec le *Conseil Suprême des Antiquités* égyptien, mènent des campagnes archéologiques de façon régulière[76]. Un bref survol des principales missions archéologiques actuellement en cours, depuis Abou Roach, au nord jusqu'à Licht, au sud, permet d'apprécier l'état des recherches sur le terrain.

Depuis plus de cinq ans, une équipe franco-suisse travaille à Abou Roach, où le roi de la IVe dynastie Djedefrê se fit construire une pyramide, aujourd'hui fort endommagée, suite à l'exploitation systématique du site comme carrière de pierres. Il paraît désormais peu probable que la destruction de la pyramide soit liée à des conflits entre successeurs de Khoufou, les déprédations datant plutôt de l'époque romaine. L'angle des côtés de la pyramide a pu être déterminé. La descenderie souterraine de la pyramide a été dégagée, le caveau sépulcral inspecté et les mesures du mur d'enceinte du complexe établies.

Plus au sud, Giza est le site depuis une dizaine d'années de nombreux projets conduits par diverses institutions et universités.

---

76. Le Canada possède son propre institut au Caire depuis 1980.

L'égyptien Z. Hawass, subventionné par le *Conseil Suprême des Antiquités*, a été particulièrement actif sur le terrain. La découverte, au début des années 1990, du cimetière de la communauté des travailleurs de Giza a fait la manchette de tous les journaux. Depuis, de nombreux articles sont parus sur la découverte de structures que l'archéologue identifie comme étant les débarcadères des temples d'accueil de Khoufou et de Khafrê, la pyramide satellite de Khoufou et la rampe qui a servi à élever la pyramide de ce roi. L'équipe égyptienne a récemment entrepris de dégager la base de la pyramide de Menkaourê, ensevelie jusqu'à présent par des débris.

Depuis la fin des années 1980, l'américain M. Lehner fouille au pied du plateau de Giza où il a mis au jour un centre de production rattaché à une importante institution qui pourrait être une résidence royale, mais dont la nature exacte reste encore à déterminer. Occupé par des structures rectilignes qui sont probablement des maisons de travailleurs d'une part, et par des fours à pains d'autre part, le site a été en activité pendant la seconde moitié de la IVe dynastie. Il a été progressivement abandonné lorsque la nécropole royale a été transférée plus au sud, dans la région de Saqqara[77].

À Abousir, la mission de l'Institut d'Égyptologie de l'Université de Prague vient d'achever le dégagement des infrastructures de la pyramide du pharaon

---

77. M. Lehner, «The Giza Plateau Mapping Project. 1998-1999 Annual Report».

de la Ve dynastie, Rêneferef. Des restes humains découverts dans le caveau royal ont été identifiés comme ceux du pharaon. Le sarcophage et l'équipement funéraire du roi ont également été retrouvés[78].

La *Mission Archéologique Française de Saqqara* fouille depuis plus d'une dizaine d'années dans ce qui s'avère être la nécropole des reines du pharaon Pépy Ier de la VIe dynastie. Les assises inférieures de pas moins de six pyramides ont pu être mises au jour à l'angle sud-ouest de la pyramide de ce pharaon. Trois de ces complexes funéraires appartenaient aux épouses de Pépy Ier, dont l'un, découvert aussi récemment qu'en mars 2000, était le lieu de repos d'Ankhenespépy II, la mère du futur Pépy II. Les autres tombeaux avaient été construits pour abriter le corps de deux autres reines, dont on n'a pu déterminer avec certitude de qui elles étaient les épouses. Enfin, une pyramide a également été reconnue comme appartenant à un fils probable de Pépy Ier, Hor-neteri-khet[79] **(fig. 16)**.

Toujours à Saqqara, le *Conseil Suprême des Antiquités* a dirigé des fouilles dans le secteur des reines d'un autre roi de la VIe dynastie, Téti, qui en fut le fondateur. Plusieurs objets ont été exhumés lors de ces travaux dont l'objectif principal était de

---

78. J. Leclant, A. Minault-Gout, «Fouilles et travaux en Égypte et au Soudan, 1997-1998. Première partie.», *Or* 68, 1999, p. 348.

79. J. Leclant, A. Labrousse, «La nécropole des reines de Pépy Ier à Saqqarâ (1988-1998)», *Académie des Inscriptions & Belles-Lettres*, Compte-rendu des séances de l'année 1998, avril-juin 1998, p. 481-491.

nettoyer les pyramides des reines et de reprendre des fouilles inaugurées au siècle dernier[80].

Enfin, le site de Dahchour est méticuleusement fouillé depuis plusieurs décennies par l'Institut archéologique allemand du Caire. Des campagnes de fouilles menées sur la pyramide nord de Snéfrou et plus récemment dans les nécropoles privées de la IVe dynastie, ont permis de mieux comprendre le mode de planification des nécropoles.

Les relevés topographiques, les travaux de restauration et les études techniques

Bon nombre de cartes topographiques de la région memphite utilisées encore de nos jours datent du siècle dernier, comme celles de K. Lepsius ou de J. de Morgan. Afin de mettre ces relevés à jour, notamment en y ajoutant les vestiges découverts depuis plus d'un siècle de fouilles, une inspection systématique du terrain a été faite par l'équipe allemande à Dahchour. Le *Giza Plateau Mapping Project* s'est fixé pour mission d'étudier la topographie et la géologie de la zone des Grandes Pyramides, puis de les restituer graphiquement sur ordinateur. À l'aide également d'instruments de mesures de conductivité sophistiqués, le *Saqqara Survey Project*, sous la conduite des musées nationaux d'Écosse, est en train

---

80. Z. Hawass, «Les fouilles et les découvertes d'archéologues égyptiens à Memphis», Paris - Galeries nationales du Grand Palais, *L'art égyptien au temps des pyramides*. Paris: Réunion des Musées Nationaux, 1999, p. 145.

d'établir une carte topographique d'un large secteur à Saqqara comprenant les tombes de l'Ancien Empire et le complexe funéraire royal appelé Gisr el-Mudir. Une mission espagnole a également entrepris de faire le relevé topographique de la partie nord du site de Meidoum.

La pollution ambiante et la grande fréquentation de sites très prisés par les touristes concourent à endommager de manière souvent irrémédiable de nombreux monuments. Les scènes qui décorent les mastabas privés doivent être relevés, les reliefs sur pierre et les peintures conservés. Ce travail minutieux est parfois suivi de véritables opérations de restauration, comme à Saqqara où le complexe funéraire de Djoser fait l'objet d'une reconstitution depuis près de trois quarts de siècle[81].

Tout aussi spectaculaire est la restauration des appartements funéraires de la pyramide de Pépy Ier par la même *Mission Archéologique Française de Saqqara,* travaux achevés en 1995 après douze campagnes d'un mois. L'opération consistait à remonter les parois inscrites des *Textes des Pyramides* dans l'antichambre et le caveau royal de la pyramide de ce pharaon, à partir des quelques 2400 blocs et fragments épars retrouvés sur place[82].

---

81. Sur l'étendue de ces travaux de restauration, voir l'aperçu proposé par J.-P. Lauer, «La demeure d'éternité du roi Djoser», *Les dossiers de l'archéologie* 146-147, mars avril 1990, p. 26-31.

82. M. Wuttmann, «La restauration des appartements funéraires de la pyramide de Pépy Ier à Saqqâra», C. Berger, B. Mathieu (dir.), *Études sur l'Ancien Empire et la nécropole de Saqqâra dédiées à Jean-Philippe Lauer, OrMonsp* IX, 1997, p. 449-460.

Toujours dans le domaine de la restauration, la communauté internationale a dû prendre des mesures énergiques pour conserver le Sphinx de Giza, dont la poitrine menaçait de s'écrouler. Victime simultanément de la montée de la nappe phréatique, des vibrations causées par le trafic routier et aérien, de la pollution émanant d'usines installées à proximité et de techniques périmées de conservation qui se sont avérées désastreuses pour la sauvegarde du monument, le grand lion avait grand besoin de se refaire une beauté![83]

Signalons enfin les études techniques récemment menées sur la Grande Pyramide de Khoufou, qui ont démontré entre autres que le caveau royal avait tendance à s'affaisser vers le sud par suite de fissures apparues dans la partie méridionale du plafond. Un robot miniaturisé doté d'une caméra a permis de constater que le conduit d'aération partant de la «Chambre de la Reine» était bouché par une dalle de calcaire.

Les progrès réalisés au cours des dernières années en matière de fouilles et de conservation sont réels, mais le chemin à parcourir n'en est pas moins long, tant le sous-sol égyptien recèle encore des richesses insoupçonnées et aussi longtemps que les monuments seront pris d'assaut par le temps et les touristes. De nombreuses questions restent encore en

---

83. Z. Hawass, «The History of the Sphinx Conservation», F. A. Esmael, *Book of Proceedings. The First International Symposium on the Great Sphinx*. Cairo: Egyptian Antiquities Organization Press, 1992, p. 185-188.

suspens, faute de sources écrites jetant une lumière sur la fonction exacte de certaines parties du complexe funéraire royal (la pyramide satellite, la fosse aux barques) ou de quelques types de pyramides, comme celles élevées en province, depuis Seila jusqu'à Éléphantine[84]. Des pyramides n'ont pas encore été attribuées avec certitude à un roi en particulier[85], tandis que des tombeaux de rois et de reines, comme Menkaouhor-Akaouhor de la Ve dynastie[86] et Ouserkarê ou Merenrê II de la VIe dynastie[87], n'ont toujours pas été identifiés avec assurance.

---

84. Un état de la question est donné dans A. Cwiek, «Date and function of the so-called minor step pyramids», *GM* 162, 1998, p. 39-52. Voir aussi S. J. Seidlmayer «Die staatliche Anlage der 3 Dyn in der Nordweststaat von Elephantine» dans M. Bietak, *House And Palace in Ancient Egypt*, OAW 14, 1996, p. 205-214.

85. Voir par exemple l'article de M. Lehner, «Z500 and the Layer Pyramid of Zawiyet el-Aryan», P. Der Manuelian (dir.), *Studies in Honor of William Kelly Simpson, 2*, 1996, p. 507-522.

86. Voir à ce propos les avis divergents de J. Berlandini, «La pyramide 'ruinée' de Sakkara-nord et le roi Ikaouhor-Menkaouhor», *RdE* 31, 1979, p. 3-28 et J. Malek, «King Merykarê and his pyramid», C. Berger, G. Clerc, N. Grimal (dir.), *Hommages à Jean Leclant, 1. Études pharaoniques, BdE* 106 1994, p. 203-214.

87. A. Labrousse, M. Albouy, *Les pyramides des reines. Une nouvelle nécropole à Saqqâra*. Paris: Hazan, 1999, p. 66-67. L'état d'avancement des fouilles archéologiques en Égypte fait régulièrement l'objet d'un compte-rendu détaillé par J. Leclant et A. Minault-Gout dans le périodique *Orientalia*. La revue britannique *Egyptian Archaeology* offre également un résumé plus condensé des principales recherches menées sur le terrain.

CHAPITRE 10

À quand remonte le pillage de la Grande Pyramide?

La vue des imposantes silhouettes des pyramides se détachant de l'horizon plonge immanquablement le visiteur se rendant sur le plateau de Giza dans un profond état d'admiration et d'émerveillement. Au fur et à mesure que le promeneur s'approche de ces tombeaux royaux plusieurs fois millénaires, un rapide coup d'oeil lui permet cependant de déceler les nombreuses cicatrices laissées par les outrages du temps. Ainsi, hormis le sommet de la pyramide de Khafrê, pratiquement rien ne subsiste du revêtement d'origine qui recouvrait les faces des pyramides; il apparaît très vite que ces dernières sont en outre éventrées à plusieurs endroits, les touristes pénétrant dans le tombeau de Khoufou et de Khafrê par une cavité pratiquée en contrebas de l'entrée originelle, exposée aujourd'hui à l'air libre. Le sentiment que ces majestueux chefs-d'oeuvre architecturaux ont été victimes de déprédation se confirme au spectacle du sarcophage de granite du roi Khoufou gisant ébréché, au coeur de son tombeau.

En prenant comme exemple la Grande Pyramide de Giza, quelles sont les causes de l'état de délabrement dans lequel se trouvent certaines parties de ces monuments?

L'Antiquité

Les tombeaux royaux de l'Ancien Empire furent dès la XIIe dynastie utilisée comme carrière de pierre, dont les blocs pouvaient être aisément réemployés dans de nouvelles constructions. Des fragments décorés qui ornaient les parois de la chaussée montante* et des temples de plusieurs complexes funéraires, dont celui de Khoufou, ont ainsi servi à bâtir la descenderie de la pyramide du roi Amenemhat Ier à Licht. Il est également fort possible que les immenses blocs de granite, utilisés par le célèbre pharaon Ramsès II dans la construction de son palais dans le delta, proviennent en partie du temple haut de Khoufou[88]. Si la Grande Pyramide devait être à l'origine constituée de 215 à 220 assises de pierre, son sommet était déjà amputé d'une dizaine de mètres à l'époque de Diodore, au Ier siècle avant J.-C.

Plus encore que son contenant, le contenu des pyramides,a très tôt attisé la convoitise des humains. À en juger par un passage tiré de l'oeuvre de Strabon, il était possible dès le Ier siècle avant J.-C. de pénétrer à l'intérieur de la Grande Pyramide. Le géographe romain rapporte en effet qu'«à une certaine hauteur sur la pyramide et approximativement au milieu de son côté, il y avait une pierre mobile; celle-ci une fois levée laissait apparaître un passage en pente vers le tombeau»[89].

88. D. Arnold, «Zur Zerstörungsgeschichte der Pyramiden», *MDAIK* 47, 1991, p. 24.

89. Strabon, *Géographie*, 17, I, 33.

Si cet extrait met en évidence le fait que la descenderie menant à la chambre souterraine était connue à l'époque de Strabon, il est en revanche difficile de déterminer si la Grande Galerie et la chambre sépulcrale avaient été découvertes. À quelle période pourrait remonter le viol de la sépulture du roi Khoufou? En l'état actuel de la documentation, il est impossible de répondre à cette question avec certitude.

Certes, plusieurs textes littéraires, dont les *Lamentations d'Ipouer* qui décrit de manière apocalyptique le chaos dans lequel l'Égypte fut plongée au cours de la Première Période Intermédiaire, laissent supposer que plusieurs tombeaux royaux avaient été pillés dès cette époque. L'évocation de tels outrages répond-elle à la loi du genre littéraire de ce texte, qui vise à dresser un tableau exagérément noir de la Première Période Intermédiaire ou reflète-t-elle la réalité historique? Quoi qu'il en soit, il est fort probable que des pyramides des Ve et VIe dynasties, moins bien protégées que celles de la IVe, aient été violées au cours de cette période anarchique[90].

Plusieurs indices convergent pour dater l'enfraction de la Grande Pyramide à la période saïte. La XXVIe dynastie est en effet reconnue pour la fascination qu'exerçait sur elle l'Ancien Empire, à tel point que l'art et l'architecture de cette époque sont qualifiés aujourd'hui d'«archaïsants». Des recherches menées sur le complexe funéraire de Djoser

---

90. L. Kakosy, «The plundering of the pyramid of Cheops», *SAK* 16, 1989, p. 150-151.

à Saqqara ont d'ailleurs montré que des hommes avaient pénétré à cette époque dans le puits et le caveau royal de la pyramide de ce souverain, afin d'en étudier les particularités architecturales. Les observations avaient dû servir à la conception et à la mise en forme des tombes saïtes[91]. On a en outre retrouvé des momies de la Basse Époque dans les galeries souterraines du tombeau, ainsi qu'un cercueil de même date dans le caveau du roi Menkaourê à Giza. Ces facteurs, liés à d'autres[92], rendent plausible l'hypothèse de rois saïtes ayant les premiers découvert la Grande Galerie de la pyramide de Khoufou, sans qu'on soit sûr que le caveau royal ait été atteint ou non.

Le Moyen Âge

Les écrits arabes du Moyen Âge concordent pour rendre le calife Al-Mamoun du IXe siècle responsable du creusement de la cavité qui sert aujourd'hui d'entrée aux visiteurs de la Grande Pyramide. Tous ces auteurs affirment que le sarcophage de Khoufou contenait un corps, mais les avis divergent quant à son état, de sorte qu'il est difficile de savoir si le caveau avait été préalablement violé.

L'historien Al-Maçoudi du Xe siècle rapporte comment Al-Mamoun parvint à ouvrir la brèche sur

---

91. J.-P. Lauer, «Remarques sur l'époque possible du viol de la tombe de Khéops dans la grande pyramide», dans E. Luft (dir.), *The Intellectual Heritage of Egypt. Studies presented to Laszlo Kakosy by friends and colleagues on the occasion of his 69th birthday*, StudAegypt XIV, 1992, p. 386.

92. L. Kakosy, *ibid*, p. 155-162.

la face nord de la pyramide, exposant les blocs à la chaleur avant de les asperger de vinaigre pour faire éclater la pierre, puis utilisant des leviers pour déplacer les monolithes. Le tunnel qu'il emprunta le mena dans le passage ascendant, à un endroit qui débouchait directement sur la Grande Galerie, les immenses dalles de granite qui en obstruaient l'accès ayant été habilement contournées **(fig.17)**[93].

Le revêtement de la pyramide de Khoufou devait être encore en grande partie intact à la fin du XIIe siècle, car le physicien arabe Abd-Allatif note avec admiration que les blocs des deux grandes pyramides étaient si bien appareillés et disposés les uns sur les autres qu'il ne pouvait pas glisser un cheveu entre eux. Peu de temps après cependant, le même auteur écrit que plusieurs pyramides de taille modeste avaient été démantelées, afin que les blocs puissent servir aux fortifications de la ville du Caire et à la construction de digues à Giza. Il est fort possible que les pyramides satellites de Khoufou aient été détruites au cours de ces opérations . La couche de revêtement de la Grande Pyramide fut probablement décapée à cette époque ainsi qu'au XIVe siècle, lorsque la mosquée du Sultan Hassan au Caire fut érigée. Un voyageur français de passage au Caire, au milieu de ce siècle, mentionne en effet que plusieurs beaux ouvrages architecturaux du Caire avaient été élevés à partir des blocs de couverture des pyramides de Giza.

---

93. J.-P. Lauer, *Le mystère des pyramides*, 1988, p. 24-25.

La Renaissance et les temps modernes

L'Égypte fut une destination fort prisée par plusieurs voyageurs de la Renaissance. Les dessins que rapportèrent ces visiteurs des pyramides étaient cependant davantage le produit de leur imagination que le fruit d'observations rigoureuses. Les monuments sont souvent représentés avec des pentes trop raides, et l'absence de détail ne permet pas d'évaluer l'état réel des tombeaux royaux à cette époque. Il faut attendre le XVIIe et surtout le XVIIIe siècle pour qu'apparaissent les premiers schémas de l'infrastructure de la Grande Pyramide et une reproduction plus fidèle de sa silhouette.

Une nouvelle étape de rigueur scientifique est franchie avec la publication de la *Description de l'Égypte*, une série de recueils de planches dessinées par des savants que Napoléon amena avec lui en Égypte, lors des campagnes de 1798-1801. Les premières fouilles menées au XIXe siècle firent beaucoup de bruit, puisqu'on n'hésita pas à faire appel à la dynamite pour se frayer un chemin à l'intérieur des pyramides. C'est de cette manière que le colonel britannique Vyse parvint à découvrir en 1837 les quatre chambres supérieures de décharge aménagées au-dessus du caveau de Khoufou. L'arrivée d'archéologues plus scrupuleux, comme l'Anglais W.F. Petrie à la fin du siècle, et surtout la fondation en 1899 du *Service des Antiquités*, pour que cessent le pillage et la destruction à grande échelle des pyramides.

CONCLUSION

Au terme de cette étude sur les complexes funéraires royaux de l'Ancien Empire égyptien, quelques
constats peuvent être établis.

Premièrement, les tombeaux des pharaons constituent de loin le genre principal de sources dont on
dispose pour recréer l'histoire sociale et religieuse de
cette période, notamment grâce à l'apport inestima-
ble des *Textes des Pyramides*.

La place prépondérante que prennent les tombes
royales (et privées) dans la documentation de l'Ancien Empire égyptien tient au fait que la pierre, utilisée pour la première fois dans la construction à une
grande échelle, était destinée aux monuments funéraires et non pas aux habitations terrestres. En con-
servant leur mémoire écrite sur un matériau inusable,
les anciens Égyptiens nous ont transmis leur percep-
tion de la mort, et donc indirectement de la vie, ce
que les constructions en briques crues n'avaient pas
pu faire jusque là. L'égyptologue peut sous cet angle
se considérer comme privilégié de pouvoir ainsi jouir
d'une telle masse de documents, car pour la même
période, l'assyriologue ne dispose que d'un matériel
iconographique très limité pour l'aider à recréer le
mode de vie en Mésopotamie.

De nature principalement funéraire à l'Ancien
Empire, les sources deviendront plus variées à partir
du Moyen Empire, lorsque les textes littéraires, les

stèles triomphales royales, et les temples divins feront véritablement leur apparition.

Par ailleurs, en monopolisant les forces vives du pays au moment de leur construction et en drainant vers la région memphite les ressources des coins les plus reculés du territoire, les pyramides ont largement contribué à forger le caractère centralisateur du pouvoir pharaonique. Les Égyptiens de l'Ancien Empire sont en effet les premiers à être passés du stade de la cité-état à celui de la monarchie absolue. La clef de voûte de ce système était bien évidemment le pharaon, dont l'autorité sans partage n'eut d'équivalent ni aux époques égyptiennes postérieures, ni dans d'autres cultures proche-orientales contemporaines. Rappelons qu'à l'Ancien Empire, le pharaon est l'intermédiaire exclusif entre les divinités et les humains; ce n'est qu'à partir du Nouvel Empire qu'apparaît la notion de «piété personnelle» permettant à un homme de s'adresser directement à son dieu. Enfin, quoi de plus instructif sur le statut incomparable du pharaon, que de mettre côte à côte les réalisations architecturales les plus grandioses du Proche-Orient ancien, à savoir les ziggourats mésopotamiennes de l'époque d'Ur III et les pyramides égyptiennes de l'Ancien Empire? Les premières étaient des temples voués au culte d'une divinité, tandis que les secondes étaient des tombeaux élevés en l'honneur d'un roi.

LISTE DES ABRÉVIATIONS

BÄBA = Beiträge zur Ägyptischen Bauforschung und Altertumskunde, Le Caire, puis Wiesbaden.

BdE = Bibliothèque d'Étude, Institut Français d'Archéologie Orientale, Le Caire.

BIFAO = Bulletin de l'Institut Français d'Archéologie Orientale, Le Caire.

GM = Göttinger Miszellen, Göttingen.

JARCE = Journal of the American Research Center in Egypt, Boston.

MDAIK = Mitteilungen des Deutschen Archäologischen Instituts, Abt. Kairo, Mayence.

ÖAW = Österreichische Akademie der Wissenschaften, Vienne.

Or = Orientalia, Rome.

OrMonsp = Orientalia Monspeliensia, Montpellier.

ProÄg = Probleme der Ägyptologie, Leyde.

RdE = Revue d'Egyptologie, Le Caire, Paris.

SAK = Studien zur Altägyptischen Kultur, Hambourg.

StudAegypt = Studia Aegyptiaca, Budapest.

GLOSSAIRE

Akh: état de transformation de l'âme du défunt qui lui permet d'accéder à l'Akhet*.

Akhet: traduit par «horizon» en égyptien, ce terme désigne dans un contexte funéraire la sphère de l'au-delà située juste sous le ciel.

Ba: terme égyptien souvent traduit par « âme ». Le ba du défunt pouvait circuler librement dans le monde souterrain et revenir sur terre.

cartouche: encadrement formé d'une boucle ovale dans lequel est inscrit le nom du pharaon à partir de la IVe dynastie.

chaussée montante: chaussée couverte dont les parois sont souvent inscrites et qui sert à relier le temple bas au temple haut.

descenderie: couloir descendant situé à l'intérieur de la pyramide (**fig. 7**, b).

Douat: lieu souterrain dans lequel réside le dieu de la mort Osiris.

fête-Sed: apparenté à un jubilé célébré généralement en l'an 30 du règne du pharaon, la fête-Sed visait à inaugurer une ère nouvelle, en regénérant le pouvoir royal à la fin de la durée symbolique d'une génération.

Grande Galerie: large couloir situé à l'intérieur de la Grande Pyramide* (**fig. 7**, h).

Grandes Pyramides: nom communément donné aux pyramides de Giza, notamment à celle de Khoufou, pharaon de la IVe dynastie.

Ka: «double» de la personne qui, par les offrandes funéraires qu'il recevait des vivants, permettait au défunt de survivre dans l'au-delà.

mastaba: nom moderne donné aux tombeaux égyptiens à l'Ancien Empire, qui signifie «banquette» en arabe, en référence à la forme rectangulaire de la tombe.

nom théophore: nom propre formé à partir de celui d'un dieu.

pyramide à degrés: pyramide dont les faces sont en forme de marches d'escalier.

pyramide lisse: pyramide dont les faces obliques sont lisses.

pyramide satellite: pyramide de taille modeste, construite à proximité de la pyramide du roi, dont la fonction pourrait être d'abriter le ka* du défunt ou de contenir les viscères du pharaon.

Serekh: élément graphique reproduisant la façade à redans du palais royal. Surmonté de la représentation du dieu Horus, le serekh contenait la forme la plus ancienne du nom d'un pharaon (**fig. 18b**).

temple bas, temple d'accueil ou **temple de la vallée**: temple situé près d'un canal ou du Nil, dans lequel devaient avoir lieu les rites funéraires permettant à la dépouille du roi de pénétrer dans l'aire sacrée de la nécropole.

temple haut, temple funéraire ou **temple de la pyramide**: temple adossé à la pyramide et servant au culte du pharaon défunt.

ville de pyramide: abritant à l'origine les ouvriers affectés à la construction des complexes funéraires royaux, la ville de pyramide servit graduellement de résidence aux prêtres responsables du culte funéraire royal.

voûte en encorbellement: voûte dont la fonction est de répartir plus équitablement au-dessus d'une pièce le poids du sommet de la pyramide (**fig. 18a**).

BIBLIOGRAPHIE GÉNÉRALE

Lehner M. *The Complete Pyramids*. London: Thames and Hudson, 1997. 256 p. 556 ill.

L'art égyptien au temps des pyramides. Paris: Réunion des Musées Nationaux, 1999. 416 p.

Stadelmann R. *Die ägyptischen Pyramiden. Vom Ziegelbau zum Weltwunder* (Kulturgeschichte der Antiken Welt, 30). Mainz am Rhein: Verlag Philipp von Zabern, 1985. 313 p.

Esmael F.A. *Book of Proceedings. The First International Symposium on the Great Sphinx*. Cairo: Egyptian Antiquities Organization Press, 1992. 390 p.

Berger C., Clerc G., Grimal N. (dir.), *Hommages à Jean Leclant. vol. 1. Études Pharaoniques*. BdE 106/1, 1994. 548 p.

Lauer, J.-P. *Le Mystère des Pyramides*. Paris: Presses de la Cité, 1988. 288 p.

Edwards I.E.S. *Les Pyramides d'Égypte*. Paris: Le Livre de Poche (biblio essais), 1992 (seconde éd. mise à jour). 442 p.

Egypte, Afrique & Orient. revue trimestrielle publiée par le Centre vauclusien d'Égyptologie. No. 12, février 1999. 64 p.

Arnold D., «Royal cult complexes of the Old and Middle Kingdoms» dans Byron E. Shafer (dir.), *Temples of Ancient Egypt*. London & New York: I. B. Tauris Publishers, 1997, p. 31-85.

LISTE DES FIGURES

Fig. 1 : Chronologie de l'Ancien Empire 43

Fig. 2 : Carte de l'Égypte 44

Fig. 3 : Carte de la région memphite 45

Fig. 4 : Méthode d'observation de la course des étoiles pour situer le Nord 46

Fig. 5 : Principales hypothèses sur la configuration des rampes utilisées dans le transport des blocs .. 47

Fig. 6 : Scène tirée de la tombe de Djéhoutihetep de la XIIᵉ dynastie 48

Fig. 7 : Coupe schématique des principales pyramides de l'Ancien Empire 49

Fig. 8 : Complexe funéraire de Djoser à Saqqara 50

Fig. 9 : Plan d'ensemble de Giza 51

Fig. 10 : Architecture et idéologie royale 52

Fig. 11 : Rituel de la Course et fête-sed 53

Fig. 12 : Parcours de l'âme du pharaon dans la pyramide d'Ounas 54

Fig. 13 : a) Représentation schématique d'une tente de purification en forme de «portail du ciel» 55

Fig. 13 : b) Plan comparatif du temple de la vallée de Pépy II et de la ouabet de Qar 55

Fig. 14 : Le Sphinx de Giza et son temple 56

Fig. 15 : Représentation type d'un mastaba de la IVᵉ dynastie 57

Fig. 16 : Croquis du secteur des pyramides de reines de Pépy Iᵉʳ 58

Fig. 17 : Brèche d'Al-Mamoun 59

Fig. 18 : a) Voûte en encorbellement 60

Fig. 18 : b) Serekh 60

TABLE DES MATIÈRES

Introduction 5

Chapitre 1: Comment les pyramides ont-elles été
    construites? 7

Chapitre 2: Quel était le statut des bâtisseurs des
    pyramides et où logeaient-ils? 13

Chapitre 3: Quelle évolution l'architecture des pyramides
    a-t-elle connue? 20

Chapitre 4: Quelle signification politico-religieuse donner
    à l'architecture des complexes funéraires royaux? 29

Chapitre 5: Que sont les *Textes des Pyramides*? 36

Figures 1 à 18 .... **43-60**

Chapitre 6: Comment se déroulaient les funérailles
    royales? 61

Chapitre 7: Qui a construit puis restauré le Sphinx et son
    temple, et que matérialisent-ils? 69

Chapitre 8: Quel rapport existe-t-il entre la pyramide
    royale et les tombes avoisinantes? 74

Chapitre 9: Quel est l'état actuel des recherches sur les
    pyramides? 81

Chapitre 10: À quand remonte le pillage de la Grande
    Pyramide? 89

Conclusion 95

Liste des abréviations 97

Glossaire 98

Bibliographie générale 101

Liste des figures 102